KB112061

대법원 강제동원 판결,

핵심은 '불법강점'이다

김창록

김창록

1961년생. 서울대 법대에서 학사학위, 대학원 법학과에서 석사·박사학위를 취득했다. 1991년부터 2년 동안 도쿄東京대학 대학원 법학정치학연구과에서 수학했다. 부산대, 건국대 교수를 거쳐 현재 경북대 법학전문대학원 교수로 재직 중. 일제강점하강제동원피해진상규명위원회 위원, 여성가족부 일본군위안부 피해자 생활안정지원 및 기념사업 심의위원회 위원, 법과사회이론학회 회장, 한국법사학회 회장, 일본군'위안부'연구회 회장 등을 지냈다. 전공은 법사학法史學이며 일제강점기의 법제도와 법사상, 대한민국의 법적 정체성, 한일관계의 법적 측면으로서의 과거청산 등을 연구하고 있다. 대표논문으로 〈제령에 관한 연구〉; 〈일본에서의 대일과거청산소송 – 한국인들에 의한 소송을 중심으로〉; 〈한일 「청구권협정」에 의해 '해결'된 '권리' – 일제 '강제동원' 피해 관련 대법원 판결을 소재로〉; 〈법적 관점에서 본 대한민국의 정체성〉 등이 있다.

대법원 강제동원 판결,
핵심은 '**불법강점**'이다

초판 1쇄 인쇄   2022. 7. 28.
초판 1쇄 발행   2022. 8. 15.

지은이   김창록
펴낸이   김경희
펴낸곳   (주)지식산업사
본사 ● (10881)경기도 파주시 광인사길 53
전화: 031–955–4226~7 팩스: 031–955–4228
서울사무소 ● (03044)서울시 종로구 자하문로6길 18–7
전화: 02–734–1978, 1958 팩스: 02–720–7900
전자우편   jsp@jisik.co.kr
등록번호   1–363
등록날짜   1969. 5. 8.

책값은 뒤표지에 있습니다.
ⓒ 김창록, 2022
    ISBN 978–89–423–0007–5(93910)

이 책에 대한 문의는 지식산업사로 연락해 주시기 바랍니다.

대법원 강제동원 판결
핵심은 '불법강점'이다

김 창 록

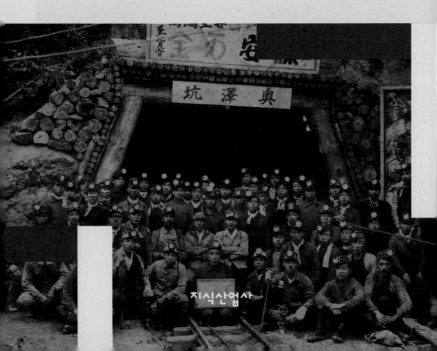

지식산업사

피해자 정성득 기증 사진(국립일제강제동원역사관 소장)

책을 내며

 이 책은, 대한민국 대법원이 2018년 10월 30일에 선고한 일본제철 강제동원 소송 전원합의체 판결이 만들어 낸 국면에 대해 살펴본 것이다. '1965년 국교정상화 이후 최악'이라고 일컬어지는 한일 간의 긴장국면을 만들어 낸 대법원 판결의 내용과 의의, 일본 정부의 반발과 한국 정부의 대응/무대응을 분석하고, 그 국면에 어떻게 대처해야 할 것인지를 생각해 보았다.

 이 책은 2019년 7월 30일부터 8월 30일까지 《오마이뉴스》에 연재한 〈대법원 강제동원 판결 국면 점검 ①~⑦〉과 같은 해 겨울 《황해문화》 105호에 실은 〈대법원 강제동원 판결의 위상〉을 재구성·수정·보완한 것이다. 이 책을 내는 것을 계기로 문장을 다듬고, 각

주를 추가했다. 그리고 2018년 대법원 판결의 토대라고 할 수 있는 2012년 대법원 파기환송판결에 대해 분석하여 2015년에 《법학논고》(경북대) 49호에 실은 〈한일 「청구권협정」에 의해 '해결'된 '권리' - 일제 '강제동원' 피해 관련 대법원 판결을 소재로〉에서도 내용의 일부를 끌어와 보완했다. 다만 이미 2012년과 2018년의 대법원 판결에 대해 한국과 일본에서 출간된 2차 문헌의 목록은 꽤 길지만, 각주에서의 2차 문헌 인용은 저자의 글을 중심으로 최소한으로만 제시하는 데 그쳤다. 2018년 대법원 판결에 대해서도 별도의 논문을 발표할 예정이며 거기에서 2차 문헌들을 최대한 반영할 것이다.

이 책을 통해 강조하고자 하는 것은, 2018년 대법원 강제동원 판결의 핵심 메시지는 '일제의 한반도 지배는 불법강점이고, 불법강점은 「청구권협정」의 적용대상이 아니다'라는 것이라는 점이다. 유감스럽게도 이 핵심 메시지는 일본에서는 물론이고 한국에서도 거의 주목되지 않고 있다. 어쩌면 애써 외면되고 있다고 하는 것이 더 적절한 표현일 것이다. 그 이유는 바로 그 핵심 메시지야말로 한일관계의 근본에 대한 커다란 '법적 화두'이기 때문이다. 바로 그렇기 때문에 그 핵심 메시지에 더 철저하게 매달리는 것이 필요하다고 저자는 생각한다. 이 책을 세상에 내놓는 이유는 바로 거기에 있다.

이 머리말을 쓰고 있는 2022년 5월 중순 현재 윤석열 정부가 출범하여 각종 정책들을 내놓으려 하고 있다. 특히 윤석열 대통령은 한일관계를 특별히 중시하여 후보 시절부터 그 '정상화'에 강한 의욕을 드러냈고, 당선인 시절에는 정책협의단을 파견하기도 했다. 그러나 '그랜드 바겐', '패키지 딜', '포괄적 해결' 등 커다란 구호들은 들리지만. 전체적으로 볼 때, '의욕'은 앞서지만 '방안'은 마련하지 못한 채 서두르기만 하는 것 아닌가, 오랜 세월동안 켜켜이 쌓여온 무거운 과제에 대해 너무 가볍게 접근하는 것 아닌가라는 우려가 든다. 이 책이 현재의 상황과 앞으로의 상황전개를 평가하는 데 하나의 실마리가 될 수 있다면 다행이겠다.

2022년 5월 15일

팔공산 자락에서

차 례

[자료]

제1장

'대법원 강제동원 판결'은

무엇인가?

대법원 강제동원 판결 국면

2018년 10월 30일, 대한민국 대법원 전원합의체는
한국인 강제동원 피해자들이 일본제철 주식회사를 상

---

1 일본제철 주식회사는 1934년에 발족한 기업이다. 일본제철 주식회
  사는 1950년에 연합군에 의해 재벌 해체를 목적으로 하는 「과도
  경제력집중 배제법」의 적용을 받아 4개의 회사로 분할되는 형태로
  해산되었는데, 1970년에 그 가운데 2개 회사가 합병하여 신일본
  제철 주식회사로 발족했다. 신일본제철 주식회사는 2012년 10월
  1일에 스미토모住友 금속공업 주식회사와 합병하여 신일철주금新日
  鉄住金 주식회사로 발족했다. 그리고 신일철주금 주식회사는 2019
  년 4월 1일에 상호를 패전 전의 일본제철 주식회사로 변경했다.
    원고들을 강제동원한 주체는 1934년에 발족한 일본제철이었지만,
  2005년에 한국 소송이 제기된 시점에는 일본제철을 승계한 신일
  본제철이 피고였고, 2012년의 대법원 파기환송 판결 이후에는 신
  일철주금이 신일본제철을 승계하여 소송을 수행했다. 하지만 원고
  들을 강제동원한 것은 일본제철이었고, 이 책을 쓰고 있는 현재
  그것을 승계한 기업의 이름 또한 일본제철이라는 점을 고려하여,
  이 책에서는 '일본제철'이라는 용어를 사용하기로 한다.

대로 한국 법원에 제기한 위자료청구소송(이하 '일본제철 소송')에서, 후자의 재상고를 기각하여 전자의 청구를 전면적으로 받아들이는 확정판결[2]을 선고했다. 그리고 이후 한일관계가 심각한 긴장국면을 맞았다. 흔히 '1965년 국교정상화 이후 최악'이라고들 한다. 크게 과장된 표현이 아니다.

원인은 복합적이다. 쟁점은 많고 복잡하다. 정치와 경제, 외교와 역사가 뒤얽혀 있다. 멀게는 19세기 말 이후 제국주의 국가 일본(이하 '일제')이 한반도에 대한 침략을 본격화한 시기까지 거슬러 올라간다. 1965년에 한일 양국이 '국교 정상화'를 위해 체결한 「대한민국과 일본국 간의 기본관계에 관한 조약」[3](이하 「기본조약」)과 「대한민국과 일본국 간의 재산 및 청구권에 관한 문제의 해결과 경제협력에 관한 협정」[4](이하

---

2 대법원 2018.10.30. 선고 2013다61381 전원합의체 판결. 전문은 뒤의 〔자료2〕 참조.

3 조약 제163호, 1965.6.22. 서명, 1965.12.18. 발효.

4 조약 제172호, 1965.6.22. 서명, 1965.12.18. 발효. 전문은 뒤의 〔자료1〕 참조.

「청구권협정」5) 등 '조약의 애매성'이 직접적인 원인이다. 거기에 냉전 종식 이후인 1990년대 전반에 전개된 한국인 피해자들의 구제 요구와 일본 정부에 의한 일정 정도 적극적인 대응이라는 흐름이 얹히고, 다시 그 위에 1990년대 후반 이후 일본 사회에서 세를 키워 온 역사부정주의라는 또 다른 흐름이 얹혔다. 한국의 보수 정권과 진보 정권의 대응 차이, 그 모든 정권을 아우르는 한국 정부의 애매성도 변수이다.

하나하나 차근차근 정리하고 따지는 점검 작업이 필요하지만, 작업의 덩치가 워낙 커서 한 권의 소책자에 담기는 어렵다. 애당초 한 사람의 연구자가 모두 다 커버하기도 어려운 과제이다. 여기에서는 '법'적인 측면에 초점을 맞추어 중요한 장면들을 차근차근 살펴보기로 한다.

---

5 본문의 경우 모두 격자(「」)를 붙이지만 인용문의 경우 원문에 따른다. 격자를 붙이는 다른 조약명 등의 경우에도 같다.

일본 소송

한국인 일제 강점 피해자들이 일본에 대한 책임 추궁에 적극 나선 것은 냉전이 끝난 1990년대에 들어서였다. 제2차 세계대전 이후 급속하게 자리잡은 냉전체제는 일제의 식민지지배와 침략전쟁의 책임을 봉인한 것이기도 했다. 1980년대 말에서 1990년대 초에 걸쳐 냉전체제와 그 하위체제인 각국의 권위주의체제가 무너졌고, 그때까지 억눌려 있었던 피해자들의 목소리가 마침내 봇물 터지듯 터져 나옴으로써, 일본에 대한 책임 추궁이 본격화되었다.

그 선두에 선 것이 다름 아닌 한반도 출신 일본군 '위안부'·강제동원·사할린 한인·원폭 등의 피해자였다. 1991년 8월 14일 일본군'위안부' 피해자 김학순의 기자회견으로 상징되는 그들의 목소리는 일본의 재판소에 일본 정부와 기업을 상대로 소송을 제기하는 것으로 구체화되었다.

일본 정부와 기업의 식민지지배와 침략전쟁의 책임을 묻는 '대일對日 과거청산 소송'[6]의 효시는 1972년에 제기된 '손진두 소송'이다. 하지만 소송이 본격화된 것은 1990년대에 들어서이다. 1990년대 전반에 한국인 피해자들이 대거 소송을 제기했고, 그것에 자극을 받아 필리핀·홍콩·네덜란드·영국·미국·호주·뉴질랜드·중국 피해자들의 소송이 이어졌다. 이후 현재까지 전 세계의 피해자들이 일본에서 제기한 대일 과거청산 소송은 총 100여 건이며, 그 가운데 한반도 출신자(재일 한인, 중국적 조선족 포함)가 제기한 소송이 50여 건으로 절반이 넘는다.[7]

일본 소송은 크게 차별시정형 소송과 피해구제형 소

---

6 일본에서는 보통 '전후 보상 소송戰後補償訴訟'이라고 부른다. 하지만 한국인 피해자들이 묻는 것은, 전쟁에 대한 책임만이 아니라 식민지지배라는 더 큰 대상에 대한 책임이며, 합법행위에 따른 손실을 보상하라는 것이 아니라 불법행위에 따른 손해를 배상하라는 것이므로, 그 용어는 적절하지 않다. 이 책에서는 '일본에 대해 과거청산을 요구하는 소송'이라는 의미를 담아 '대일 과거청산 소송'이라는 용어를 사용하기로 한다.

7 판결문을 포함한 소송에 관한 자료는 야마모토 세이타山本晴太 변호사의 '法律事務所の資料棚'(http://justice.skr.jp/index.html) 참조. 이하 이 책에서 인용하는 인터넷 사이트는 2022년 4월 30일에 검색한 결과에 따른다.

송으로 나눌 수 있다. 전자는, 일본인으로서 전쟁에 동원되어 피해를 입었음에도 불구하고 이제는 일본인이 아니라는 이유로 일본인에게는 주어진 구제로부터 배제하는 것은 차별이라고 주장하며 다투는 소송으로서, 원호 관련 소송과 피폭 관련 소송이 거기에 포함된다. 후자는, 강제동원 피해자, 일본군'위안'부 피해자 등이 일제에 의한 지배와 전쟁동원에 따른 피해에 대한 직접적인 구제를 요구하는 소송이다.

차별시정형 소송 가운데, 일본 국내법상 일본 국적자만을 지원 대상으로 한다는 이른바 '국적조항'이 없어서 일본인과 차별하지 못하게 되어 있는 원폭 피해에 대한 소송에서는 원고들이 승소한 케이스들도 있다. 하지만 '국적조항'이 있는 원호 관련 법에 관한 원호 관련 소송에서는 원고들이 승소한 케이스가 없다. 무엇보다 불법강점에 따른 피해의 구제를 직접 요구한 피해구제형 소송에서는, 하급심에서 일부 승소하거나 화해가 성립된 케이스는 있지만, 최고재판소까지 가서 최종적으로 승소한 케이스는 없다. 그리고 일본의 재판소가 원고 패소 판결을 선고한 이유는 여러 가지이

지만, 결국은 「청구권협정」에 의해 해결되었다는 것이 최후의 이유였다.[8]

미국 소송과 한국 소송

일본의 재판소에서 구제를 받지 못한 피해자들이 대안으로 주목한 것이 미국과 한국에서의 소송이다.

미국 소송의 대표적인 사례는 2000년 9월 18일에 한국·중국·대만·필리핀 출신 일본군'위안부' 피해자들이 일본 정부를 상대로 제기한 소송이다. 결과는 원고 패소였다. 원고와 피고 모두 미국과 직접 관련이 없는 사건이고, 게다가 「청구권협정」이라는 한일 간의 조약이 주요 쟁점이 된 사건에서, 미국 법원은 '정치적인 문제'에는 법원이 관여하지 않는다는 원칙을 내세워

---

8 대일 과거청산 소송에 대해서는, 김창록, 〈일본에서의 대일과거청산소송 – 한국인들에 의한 소송을 중심으로〉, 《법사학연구》 35, 2007 참조.

원고 패소 판결을 선고했다.

결국 한국인 피해자들에게 마지막 남은 것은 한국 법원이었다. 2000년 5월 1일에 미쓰비시三菱중공업 주식회사 강제동원 피해자 6명이 부산지방법원에 제소(이하 '미쓰비시중공업 소송')한 것을 시작으로, 2005년 2월 28일에는 일본제철 주식회사 강제동원 피해자 5명이 서울중앙지방법원에 제소했고(이하 '일본제철 소송'), 이후 현재까지 다수의 관련 소송이 제기되었다.

한국 소송에서도 초반에는 1, 2심 모두 패소 판결이 잇따랐으나, 2012년 5월 24일에 이르러 대법원 제1부(이인복[재판장], 이능환[주심], 안대희, 박병대 대법관)가 일본제철 소송과 미쓰비시중공업 소송 모두에 대해 원고 승소 취지의 획기적인 파기환송 판결[9]을 선고했다.

2013년 7월 10일과 7월 30일에 서울고등법원과 부산고등법원이 각각 위의 대법원 파기환송 판결의 취지에 따라 원고 승소 판결[10]을 선고했지만, 일본제철과

---

9 대법원 2012.5.24. 선고 2009다68620 판결; 대법원 2012.5.24. 선고 2009다22549 판결.

10 서울고등법원 2013.7.10. 선고 2012나44947 판결; 부산고등법원

미쓰비시중공업은 또다시 상고했다. 통상의 예에 따라 그해 말까지는 확정 판결이 선고될 것으로 예상되었지만, 박근혜 정권의 이른바 '사법농단'·'재판거래'라는 희대의 사건으로 선고가 지연되어, 2018년 10월 30일에 이르러서야 일본제철 소송에 대해 대법원 전원합의체의 확정판결이 선고되었고, 뒤이어 11월 29일에 미쓰비시중공업 소송에 대해 대법원 확정판결11이 선고되었다.

대법원 강제동원 판결의 내용

특히 논란의 중심이 되고 있는 것은 일본제철 소송에 대해 2018년 10월 30일에 선고된 대법원 전원합의체 판결이다. 판결에서 다룬 쟁점(상고 이유)은 다섯

2013.7.30. 2012나4497 판결.

11 대법원 2018.11.29. 선고 2013다67587 판결.

가지였는데, 그 가운데 전원합의체 구성원들의 의견이 갈린 것은, '원고들의 강제동원 위자료청구권이 「청구권협정」의 적용대상인가'라는 점이었다.

그 점에 대해 대법원장과 대법관 12명으로 구성된 전원합의체는 다섯 개의 의견(다수의견[김명수 대법원장, 조희대, 박상옥, 박정화, 민유숙 대법관], 별개의견1 [이기택 대법관], 별개의견2[김소영, 이동원, 노정희 대법관], 반대의견[권순일, 조재연 대법관], 보충의견[김재형, 김선수 대법관])으로 나뉘었다. 다만 그 가운데 별개의견1은 소송법상의 쟁점만을 다룬 것이고, 보충의견은 다수의견을 보완한 것이기 때문에, 실질적인 의견 대립은 다수의견, 별개의견2, 반대의견 사이에서 전개되었다. 그 각각의 요지는 아래와 같다.

○ 다수의견: "청구권협정은 일본의 불법적 식민지배에 대한 배상을 청구하기 위한 협상이 아니라 기본적으로 샌프란시스코 조약 제4조에 근거하여 한일 양국 간의 재정적·민사적 채권·채무관계를 정치적 합의에 의하여 해결하기 위한 것"이므로, "일본 정부의 한반도에 대한 불법적인 식민지배 및 침략전쟁의 수행과 직결된 일본

기업의 반인도적인 불법행위를 전제로 하는 강제동원 피해자의 일본 기업에 대한 위자료청구권"은 "청구권협정의 적용대상에 포함된다고 볼 수 없다."

○ 별개의견2: "청구권협정의 해석상 원고들의 손해배상청구권은 청구권협정의 적용대상에 포함된다고 보아야 한다. 다만 원고들 개인의 청구권 자체는 청구권협정으로 당연히 소멸한다고 볼 수 없고, 청구권협정으로 그 청구권에 관한 대한민국의 외교적 보호권[12]만이 포기된 것에 불과하다."

○ 반대의견: "청구권협정의 해석상 원고들의 손해배상청구권이 청구권협정의 적용대상에 포함된다 …… 청구권협정 제2조에서 규정하고 있는 '완전하고도 최종적인 해결'이나 '어떠한 주장도 할 수 없는 것으로 한다'라는 문언의 의미는 개인청구권의 완전한 소멸까지는 아니더라도 '대한민국 국민이 일본이나 일본 국민을 상대로 소(訴 : 저자)로써 권리를 행사하는 것은 제한된다'는 뜻으로 해석하는 것이 타당하다."

---

12 외교적 보호권이란, 외국에서 자국민이 신체나 재산에 피해를 입은 경우에 그 국적국이 그 외국에 대해 당해 자국민에게 적절한 구제를 하도록 요구할 수 있는 권리이다.

대법원 강제동원 판결의 의미

다수의견에 따르면, 강제동원 문제는 애당초 「청구권협정」의 적용대상이 아니다. 이것은 곧 강제동원 문제는 「청구권협정」에 의해 해결된 적이 없고, 따라서 「청구권협정」에 의해 한국 정부가 받은 무상 3억불에 해당하는 "일본국의 생산물 및 일본인의 용역"(이하 '무상 3억불')[13]과 관련이 없다는 것을 의미한다. 그렇다면 지금 한국인 피해자 개인은 법원에 피해의 구제를 청구할 수 있고, 한국 정부는 일본 정부에 대해 그 피해의 구제를 요구할 수 있다는 것이 된다.

별개의견2에 따르면, 강제동원 문제도 「청구권협정」의 적용대상이다. 이것은 곧 강제동원 문제는 「청구권협정」에 의해 해결되었고, 따라서 무상 3억불과 관련이 있다는 것을 의미한다. 다만 별개의견2는 「청구권

---

[13] 「청구권협정」에 따라 일본이 한국에 무상으로 공여한 것은 3억불의 현금이 아니라 그에 해당하는 "일본국의 생산물 및 일본인의 용역"이다. 다만 이하 본문에서는 서술의 편의를 고려하여 단지 '무상 3억불'이라고만 표기하기로 한다.

협정」에 의해서 소멸된 것은 한국의 외교적 보호권만이며, 피해자 개인의 청구권은 소멸되지 않았다고 한다. 그렇다면 한국 정부는 더 이상 할 수 있는 것이 없지만, 피해자 개인은 법원에 피해의 구제를 청구할 수 있다는 것이 된다.

반대의견에 따르면, 강제동원 문제는 「청구권협정」의 적용대상이고, 게다가 피해자 개인의 청구권도 「청구권협정」에 의해 소송을 제기할 수는 없는 권리로 축소되었다. 그렇다면 한국 정부가 더 이상 할 수 있는 것이 없을 뿐만 아니라, 피해자 개인도 법원에 피해의 구제를 청구할 수 없다는 것이 된다. 다만 반대의견은 실체적 권리로서의 청구권은 소멸하지 않았다고 한다. 그렇다면 소송을 통해서는 구제받을 수 없지만, 법원을 통하지 않는 방법, 즉 채무자인 일본 기업이 임의의 변제를 통한 구제를 하더라도 그 변제가 법적인 근거가 없는 것은 아니라는 의미가 된다.

		다수의견	별개의견2	반대의견
「청구권협정」 적용대상 여부		적용대상 아님	적용대상임	적용대상임
권리의 해결 여부	외교적 보호권	미해결	해결	해결
	개인 청구권	미해결	미해결	소권訴權 소멸

대법원 강제동원 판결의 자리매김

2018년 대법원 강제동원 판결은 「청구권협정」의 적용대상에 관해 지금까지 제기된 의견들을 망라해 담고 있다. 다수의견은 2012년 파기환송 판결의 주위적 판단의 논지를, 별개의견2는 그 가정적 판단의 논지를, 반대의견은 일본 최고재판소의 2007년 4월 27일 니시마츠西松건설 중국인 강제노동 판결[14]의 결론을 각각 채택한 것이라고 할 수 있다.

그 가운데 다수의견이, 아래의 제2장에서 상세하게 살펴보는 것처럼, 「조약법에 관한 비엔나 협약」(Vienna Convention on the Law of Treaties, 1969)의 조약해석 기준에 따라 합리적인 근거를 제시하면서 「청구권협정」을 해석·적용한 것으로서 타당하다.

그에 반해, 별개의견2와 반대의견은, 다수의견이 명확하게 구별한 징용과 강제동원을 혼동·혼용하면서, 합리적인 근거를 제시하지 않은 채 '강제동원도 「청구

---

14 最高裁判所二小法廷 平成16年（受）第1658号.

권협정」의 적용대상'이라고 판단했는데, 이것은 협정 체결 당사자인 한일 양국 정부의 입장에도 반하는 해석으로서 타당하지 않다.

나아가 반대의견의 소권 소멸 주장은 아무런 근거도 없다는 점에서도 타당하지 않다. 니시마츠건설 중국인 강제노동 판결 등에서 마찬가지로 소권 소멸을 주장한 일본 최고재판소는, 비록 자의적인 구성물이어서 설득력이 없기는 하지만, '샌프란시스코 평화조약의 틀'이라는 근거를 제시하기는 했다.[15] 그런데 반대의견은 어

---

15 "샌프란시스코 평화조약은, 개인의 청구권을 포함하여, 전쟁 수행 중에 발생한 모든 청구권을 상호 포기하는 것을 전제로, 일본국은 연합국에 대한 전쟁배상의 의무를 인정하여 연합국의 관할 아래 있는 재외자산의 처분을 연합국에게 맡기고, 역무役務배상을 포함한 구체적인 전쟁배상에 관한 약정은 각 연합국과의 사이에 개별적으로 한다고 하는 일본국의 전후처리의 틀을 정하는 것이었다. …… 이 틀이 정해진 것은, 평화조약을 체결하면서 전쟁 수행 중에 발생한 각종 청구권에 관한 문제를, 사후적 개별적인 민사재판상의 권리행사로써 해결하는 처리방식에 맡기면, 장래에 어느 국가 또는 국민에 대해서도 평화조약 체결 시에는 예측 곤란한 과대한 부담을 지우고 혼란을 초래하게 될 염려가 있어서 평화조약의 목적 달성에 장애가 된다는 생각에 따른 것이라고 이해된다. …… 샌프란시스코 평화조약의 틀에서의 청구권 포기의 취지가

떠한 근거도 제시하지 않은 채 '소권 소멸이라고 보아
야 한다'라는 일방적인 주장만 내놓고 있다.

대법원 강제동원 판결의 '법정의견'

중요한 것은 이 가운데 법적으로 구속력이 있는 것
은 다수의견이라는 점이다. 법원의 합의심판은 "헌법
및 법률에 다른 규정이 없으면 과반수로 결정한다"
(「법원조직법」 제66조 1항). 2018년 대법원 판결에서는
전원합의체 구성원 13명 가운데 보충의견을 낸 2명을

위와 같이 청구권의 문제를 사후적 개별적인 민사재판상의 권리
행사에 의한 해결에 맡기는 것을 피한다는 점에 있다는 것을 생
각하면, 여기에서 말하는 청구권의 '포기'란 청구권을 실체적으로
소멸시키는 것까지를 의미하는 것은 아니며, 당해 청구권에 기초
하여 재판상 소구訴求할 권능을 잃게 하는 데 그치는 것이라고 해
석하는 것이 상당하다." 하지만 이 인용문을 통해 살펴보더라도,
일본 최고재판소의 샌프란시스코 평화조약 해석, 특히 그 소권 소
멸 판단 역시 결국은 일방적인 주장일 뿐이며 합리적인 논거에
의해 뒷받침된 것이 아니다.

포함하여 과반수인 총 7명이 다수의견에 찬성했다. 따라서 다수의견이 2018년 대법원 판결 가운데 유일하게 법적 구속력을 가지는 '법정의견'이다.

대법원 판결에는 "합의에 관여한 모든 대법관의 의견을 표시"하도록 되어 있기 때문에(「법원조직법」 제15조) 별개의견과 반대의견도 기재되어 있기는 하지만, 법적 구속력을 가지는 것은 다수의견뿐인 것이다.

2018년 대법원 판결의 다수의견=법정의견은 이후 일련의 강제동원 사건 대법원 판결[16]에서 거듭 채택되었고, 그래서 확립된 판례가 되었다. 따라서 2018년 대법원 강제동원 판결에 대해 논의를 할 때나 논리를 전개할 때는 그 다수의견=법정의견을 전제로 해야 한다.

그럼에도, 한국에서 다수의 논자는 다수의견이 아니라 별개의견2를 전제로, 다시 말해 2018년 대법원 판결의 취지가 「청구권협정」에도 불구하고 개인 청구권은 남아 있다'라는 것이라고 전제하고 논지를 전개한

16 대법원 2018.11.29. 선고 2013다67587 미쓰비시중공업 강제동원 판결; 대법원 2018.11.29. 선고 2013다67587 미쓰비시중공업 근로정신대 판결.

다. 문재인 대통령이 2017년 8월 17일의 취임 100일 기자회견에서 "양국 간의 합의에도 불구하고 징용당한 강제 징용자 개인이 미쓰비시 등을 비롯한 상대 회사를 상대로 가지는 민사적인 권리들은 그대로 남아 있다라는 것이 한국의 헌법재판소나 한국 대법원의 판례"[17]라고 언급한 것도 그 하나의 예이다.

하지만 이것은 2018년 대법원 판결에 대한 충분한 이해에 근거한 논지의 전개가 아니다. 2018년 대법원 판결의 취지는 '강제동원' 문제가 애당초 「청구권협정」의 대상이 아니었다는 것, 따라서 피해자 개인의 청구권뿐만 아니라 그 국적국인 대한민국의 외교적 보호권도 엄존하고 있다는 것이라는 점을 되새기지 않으면 안 된다.

---

17 〈[풀영상] 문 대통령 취임 100일 기자회견〉(https://www.youtube.com/watch?v=axksLKeSbso)의 47분 30초 무렵부터.

다시 한 번 확인한다

2018년 대법원 강제동원 판결의 취지는 아래와 같다.

> 강제동원 문제는 「청구권협정」의 적용대상이 아니다. 즉,
> 강제동원 문제는 「청구권협정」에 의해 해결된 적이 없
> 고, 「청구권협정」에 의해 한국 정부가 받은 무상 3억불
> 과 관련이 없다. 강제동원 문제에 관해서는 피해자 개인
> 의 청구권이 남아 있을 뿐만 아니라, 한국의 외교적 보
> 호권도 남아 있다. 따라서 지금 한국인 피해자 개인은
> 법원에 피해의 구제를 청구할 수 있고, 한국 정부는 일
> 본 정부에 대해 그 피해의 구제를 요구할 수 있다.

제2장

'불법강점'은

「청구권협정」의 대상이 아니었다

2018년 대법원 강제동원 판결의 결론은 '강제동원 문제는 「청구권협정」의 적용대상이 아니다'라는 것이다. 그 근거는 무엇일까?

「청구권협정」의 내용

1951년 10월부터 14년에 가까운 회담 과정을 거쳐 1965년 6월 22일에 체결된 「청구권협정」은, 그 제1조에서 일본국이 대한민국에 대해 무상으로 3억불에 해당하는 "일본국의 생산물 및 일본인의 용역"을 공여하고 장기 저리의 차관으로 2억불을 공여한다고 규정하고, 이어서 제2조에서 아래와 같이 규정했다.

제2조 1. 양 체약국締約國은 양 체약국 및 그 국민(법인

을 포함함)의 재산, 권리 및 이익과 양 체약국 및 그 국민 간의 청구권에 관한 문제가 1951년 9월 8일에 샌프런시스코우시에서 서명된 일본국과의 평화조약 제4조 (a)에 규정된 것을 포함하여 완전히 그리고 최종적으로 해결된 것이 된다는 것을 확인한다. ……

3. …… 일방 체약국 및 그 국민의 재산, 권리 및 이익으로서 본 협정의 서명일에 타방 체약국의 관할하에 있는 것에 대한 조치와 일방 체약국 및 그 국민의 타방 체약국 및 그 국민에 대한 모든 청구권으로서 동일자 이전에 발생한 사유에 기인하는 것에 관하여는 어떠한 주장도 할 수 없는 것으로 한다.

위의 조문에 관해 「대한민국과 일본국 간의 재산 및 청구권에 관한 문제의 해결과 경제협력에 관한 협정에 대한 합의의사록(I)」(이하 '합의의사록')에서는 아래와 같이 규정했다.

2. 협정 제2조에 관하여 …… (g) 동조 1에서 말하는 완전히 그리고 최종적으로 해결된 것으로 되는 양국 및 그 국민의 재산, 권리 및 이익과 양국 및 그 국민 간의 청구권에 관한 문제에는 한일회담에서 한국 측으로부터

제출된 "한국의 대일청구요강"(소위 8개 항목)의 범위에 속하는 모든 청구가 포함되어 있고, 따라서 동 대일청구요강에 관하여는 어떠한 주장도 할 수 없게 됨을 확인하였다.

위의 「합의의사록」 2 (g)에 등장하는 「한국의 대일청구요강」(이하 '「대일청구요강」') 가운데 관련 내용인 제5항은 아래와 같다.

⑤ 한국 법인 또는 한국 자연인의 일본국 또는 일본 국민에 대한 일본 국채, 공채, 일본은행권, 피징용 한국인의 미수금, 보상금 및 기타 청구권의 반제 청구
　(가) 일본 유가증권
　(나) 일본계 통화
　(다) 피징용 한국인 미수금
　(라) 전쟁에 의한 피징용자의 피해에 대한 보상
　(마) 한국인의 대 일본 정부 청구 은급恩給 관계
　(바) 한국인의 대일본인 또는 법인 청구

조약 해석의 기준

문제는 위의 조약문들을 어떻게 해석할 것인가이다. 2018년 대법원 판결은 조약 해석에 관한 국제법인 「조약법에 관한 비엔나 협약」을 그 해석의 기준으로 제시했다. 대법원 판결의 해당 부분은 아래와 같다.

> "조약은 전문·부속서를 포함하는 조약문의 문맥 및 조약의 대상과 목적에 비추어 그 조약의 문언에 부여되는 통상적인 의미에 따라 성실하게 해석되어야" 하며, 이때 "문맥은 조약문(전문 및 부속서를 포함한다) 외에 조약의 체결과 관련하여 당사국 사이에 이루어진 그 조약에 관한 합의 등을 포함하며, 조약 문언의 의미가 모호하거나 애매한 경우 등에는 조약의 교섭 기록 및 체결 시의 사정 등을 보충적으로 고려하여 그 의미를 밝혀야 한다."

위의 내용은 「조약법에 관한 비엔나협약」 제31조(해석의 일반규칙)[1] 및 제32조(해석의 보충적 수단)[2]를 요

---

[1] "1. 조약은 조약문의 문맥 및 조약의 대상과 목적에 비추어 그 조약의 문언에 부여되는 통상적 의미에 따라 성실하게 해석되어야

약한 것이다. 대법원 판결은 이 기준에 따라 「청구권
협정」을 해석했다. 그 점에서 대법원 판결은 조약 해
석에 관한 국제법에 따른 해석인 것이다.

'문언의 통상적 의미'는 명확하지 않다

그런데 「청구권협정」의 경우 '문언의 통상적 의미'는
명확하지 않다. 청구권에 관한 문제가 "완전히 그리고

한다. 2. 조약의 해석상 문맥이라고 할 때는 조약문(전문 및 부속
서를 포함한다) 외에 아래의 것들을 포함한다. (a) 조약의 체결에
관련하여 모든 당사국 사이에 이루어진 그 조약에 관한 합의
…… 3. 문맥과 함께 다음의 것이 참작되어야 한다 …… (b) 조
약의 해석에 관한 당사국의 합의를 확립하는 그 조약 적용에 있
어서의 추후의 관행 ……"
2 "제31조의 적용으로부터 도출되는 의미를 확인하기 위해 또는 제
31조에 따라 해석하면 다음과 같이 되는 경우에 그 의미를 결정
하기 위해 조약의 준비작업 및 조약 체결시의 사정을 포함한 해
석의 보충적 수단에 의존할 수 있다. (a) 의미가 모호해지거나 또
는 애매하게 되는 경우; (b) 명확하게 불합리하거나 또는 부당한
결과를 초래하는 경우"

최종적으로 해결된 것이 된다,"청구권에 관해 "어떠한 주장도 할 수 없는 것으로 한다"라는 매우 강한 표현이 사용되어 있으니 언뜻 보기에는 더할 나위 없이 명확하다. 하지만 잘 뜯어보면 해결된다는 청구권의 원인이 제시되어 있지 않다.

이것은 일본이 제2차 세계대전 이후 '과거청산'과 관련하여 다른 국가들과 체결한 조약들에 해결된 권리의 원인이 명시되어 있는 것과 선명하게 대비된다. 예를 들어 1951년에 체결된 「샌프란시스코 조약」(정식 명칭은 「일본국과의 평화조약(Treaty of Peace with Japan)」)의 전문에는 "양자 사이의 전쟁상태가 존재하는 데 따른 결과로서 지금도 여전히 미해결인 문제를 해결하는 평화조약을 체결한다"라고 규정되어 있고, 1972년에 체결된 「일본국 정부와 중화인민공화국 정부의 공동성명」 제5조에도 "중화인민공화국 정부는 중일 양 국민의 우호를 위해, 일본국에 대한 전쟁배상의 청구를 포기할 것을 선언한다"라고 규정되어 있다. 해결된 문제의 원인이 명확하게 제시되어 있으니 당연히 해결된 문제의 범위가 특정된다.

그런데 「청구권협정」에는 그런 규정이 없다. 그래서 추가적인 해석이 필요한 것이다.

「청구권협정」의 적용대상

대법원 판결은 「청구권협정」의 적용대상에 관해 "청구권협정은 일본의 불법적 식민지배에 대한 배상을 청구하기 위한 협상이 아니라 기본적으로 샌프란시스코 조약 제4조에 근거하여 한일 양국 간의 재정적·민사적 채권·채무관계를 정치적 합의에 의하여 해결하기 위한 것이었다"라고 해석한다.

이것은 1965년 이래 한국 정부의 일관된 해석이다. 「청구권협정」 체결 직후의 시점에, 한국 정부는 "우리가 일본국에 요구하는 청구권을 국제법에 적용해서 보면 영토의 분리 분할에서 오는 재정상 및 민사상의 청구권 해결 문제인 것이다"[3]라고 주장했다. 한국 정부는 1976년의 시점에도 "대일배상금의 청구 문제는 한일회담 초기부터 논의의 대상에서 제외되고 오로지 한일 간에는 평화조약에서 명시된 바에 의하여 영토 분리에서 오는 재정적, 민사적 채권 채무만이 남아 있었던 것이다"[4]라고 주장했으며, 뒤에서 상세하게 살펴볼, 2005년의 대통령 소속 '한일회담 문서공개 후속대책 관련 민관공동위원회'의 결정에서도 "한일청구권협정은 기본적으로 일본의 식민지배 배상을 청구하기 위한 것이 아니었고, 샌프란시스코 조약 제4조에 근거하여 한일 양국 간 재정적·민사적 채권·채무관계를 해결하기 위한 것이었음"[5]이라고 거듭 확인했다.

그런데 위의 해석에서 등장하는 「샌프란시스코 조약」은 제2차 세계대전의 전후 처리를 위해 연합국과 일본이 체결한 조약이다. 「샌프란시스코 조약」은 그 제2조 (a)에서 "일본국은 한반도의 독립을 승인하고, 제주도, 거문도 및 울릉도를 포함하는 한반도에 대한 모

---

3 대한민국정부, 《한일회담백서》, 1965, 40−41면.

4 경제기획원, 《청구권자금백서》, 1976, 10면.

5 국무조정실, 〈[보도자료] 한일회담 문서공개 후속대책 관련 민관공동위원회 개최〉, 2005.8.26.

든 권리, 권원 및 청구권을 포기한다"라고 규정하고, 그 제4조 (a)에서 "일본국 및 그 국민의 재산으로서 제2조에 열거한 지역에 있는 것과 일본국 및 그 국민의 청구권(채권을 포함한다)으로서 실제로 이들 지역의 시정을 담당하고 있는 당국 및 그 주민(법인을 포함한다)에 대한 것의 처리, 그리고 일본국에서의 이들 당국 및 주민의 재산과 일본국 및 그 국민에 대한 이들 당국 및 주민의 청구권(채권을 포함한다)의 처리는 일본국과 이들 당국 사이의 특별협정의 주제로 한다"라고 규정했다.

물론 한국은 「샌프란시스코 조약」의 서명국이 아니므로 원칙적으로는 그 조약에 구속되지 않는다. 다만 위 조약 제21조에 '한반도는 제4조의 이익을 누릴 권리를 가진다'라고 규정되어 있고, 한일 양국 모두 사실상 위 조약을 근거로 「청구권협정」을 체결했으며, 「청구권협정」 제2조 자체에 "일본국과의 평화조약 제4조 (a)"가 명기되어 있으므로, 「청구권협정」은 그러한 의미에서 "기본적으로 샌프란시스코 조약 제4조에 근거하여" 체결된 것이라고 할 수 있다.

그런데 「샌프란시스코 조약」에서는, 미국·영국·프랑스 등 주요 당사국들이 과거 식민지 종주국이었다는 사정도 있어서, 식민지지배 문제는 전혀 다루지 않았다. 따라서 기본적으로 그 조약에 근거하여 체결된 「청구권협정」 또한 식민지지배 문제는 대상으로 하지 않았다고 보는 것이 합리적이다. 대법원 판결의 위의 해석은 바로 이 점을 짚은 것에 다름 아니다.

다만 이 점에 관해서는 「청구권협정」 제2조 1항에는 "포함하여"라고 되어 있으니 그렇게 한정해서는 안 된다는 지적이 있다. 하지만 "포함하여"라는 표현이 있다고 해서, '성질상' 제4조의 범위를 벗어나는 문제인 불법적 식민지지배의 문제가 당연히 「청구권협정」의 대상에 포함되었다고는 할 수 없다.

게다가 일본 정부도 같은 취지의 입장을 취했다. 1965년 10월 30일의 중의원 '일본국과 대한민국 간의 조약 및 협정 등에 관한 특별위원회'에서 후지사키藤崎萬里 외무성 조약국장은, 「청구권협정」 제2조 1의 권리와 「샌프란시스코 조약」 제4조 (a)의 권리 사이의 관계에 대한 질문에 대해, "시간적인 차이"의 결과 「샌프

란시스코 조약」제4조 (a)의 "지역", 즉 미군정이 지배
했던 지역과 한국전쟁 휴전협정 체결 이후 한국이 지
배하게 된 지역 사이에 차이가 발생했고, 「청구권협정」
에는 「샌프란시스코 조약」체결 이후에 발생한 일본
어선 나포 문제도 포함되었기 때문에, 양자는 "범위가
다르다"라고 답변했다.[6] 즉, 1951년에 체결된 「샌프란
시스코 조약」과 1965년에 체결된 「청구권협정」사이의
기간에 38선이 휴전선으로 바뀌어 한국이 실효적 지배
를 하는 지역과 주민에 변경이 있었고, 일본 어선 나
포 문제가 새로 발생했는데, 그러한 부분들까지 반영
하여 해결되었다는 것을 표시하기 위해 '포함하여'라고
했다는 것이다.

또 "시간적" 및 "지역적 범위"의 차이와 함께 「샌프
란시스코 조약」에서는 "주민"으로 되어 있었던 것이
「청구권협정」에서는 "국민"으로 되어 있다는 차이가 지
적되기도 했다.[7] 이와 같은 일본 측의 해석은 그 합리

---

6 《第50回 国会 衆議院 日本国と大韓民国との間の条約及び協定等に関
する特別委員会議録 第7号》, 1965.10.30, 15면.

성을 충분히 인정할 수 있는 것이다.

따라서 "포함하여"라는 자구가 있다고 해서 「청구권협정」의 대상을 '성질상' 제4조의 범위에 속하는 권리로 한정하지 못할 이유, 다시 말해 "식민지배와 직결된 불법행위로 인한 손해배상청구권"이 포함되지 않았다고 해석하지 못할 이유는 없는 것이다.

'영토의 분리' 문제의 처리

게다가 무엇보다도 1965년 당시부터 한일 양국은 이 문제에 관해 공통된 입장을 내놓았다. 위에서 인용한 것처럼 1965년에 대한민국 정부가 발간한 《한일회담백서》에는 「청구권협정」이 "영토의 분리 분할에서 오는 재정상 및 민사상의 청구권"을 해결하기 위한 것이었다고 되어 있다. 일본 측도 "우리나라(일본 : 저자)

---

7 福田博, 〈請求権条項〉, 《法律時報》 433, 1965, 80–81면.

에 의한 조선의 분리 독립의 승인에 따라, 일한 양국 간에 처리를 할 필요가 있게 된 양국 및 양국민의 재산, 권리 및 이익과 청구권에 관한 문제"[8]를 해결하기 위한 것이라고 했다. 그리고 한일 양국의 이러한 입장은 이후 바뀐 적이 없다.

결국 한일 양국의 공통된 입장에 따르면, 「청구권협정」은 '영토의 분리'에 따른 문제를 해결하기 위한 것이었다. 그런데 여기에서 '영토의 분리'라고 할 때는, 분리 이전의 영토의 불법성은 전제되지 않으며, 오히려 합법성이 전제된다. '영토의 분리'에 따른 문제는, 예를 들면 식민지 조선에 진출해 있던 일본 은행이 패전 뒤 갑자기 일본으로 돌아가 버린 경우, 식민지 조선인이 그 은행에 들었던 예금이나 적금을 어떻게 할 것인가라는 것과 같은 문제인 것이다.

---

8 谷田正躬 外2編, 《日韓条約と国内法の解説》(〈時の法令〉 別冊), 大蔵省印刷局, 1966, 61-62면.

「기본조약」과 「청구권협정」

이 지점에서 「기본조약」 제2조와 「청구권협정」을 분리해서 생각하는 것이 필요하다. 「기본조약」 제2조는 아래와 같이 규정하고 있다.

1910년 8월 22일 및 그 이전에 대한제국과 대일본제국 간에 체결된 모든 조약 및 협정이 이미 무효임을 확인한다.

널리 알려진 것처럼 이 조문에 대한 한일 양국 정부의 해석은 그 체결의 시점부터 지금 현재까지 정면으로 충돌한다. 일본 정부는 1910년 조약은 당초에는 유효였으나 대한민국 정부가 수립된 1948년 8월 15일에 무효가 되었다고 해석하고, 따라서 35년 동안의 일본의 한반도 지배는 '합법지배'라고 주장한다. 반면에 한국 정부는 1910년 조약 등이 애당초 무효라고 해석하고, 따라서 일본의 한반도 지배는 '불법강점'이라고 주장한다.[9]

그런데 한국 정부는 기본적으로 식민지지배 책임을 배제한 「샌프란시스코 조약」에 근거하여 체결된 「청구권협정」에서는 '불법강점'에 대해 적극적으로 다루지 못했고, 일본 정부는 스스로 주장하는 '법적 근거'가 있는 부분, 그 점에서 '합법적'이라고 할 수 있는 부분만을 다루었다.

그 결과 '불법강점' 문제, 다시 말해 불법적 식민지지배의 문제는 「청구권협정」의 대상이 아니었다. 《한일회담백서》는 「청구권협정」이 "일제의 36년 간 식민지적 통치의 대가"에 대한 것이 아니라고[10] 분명히 짚고 있다. 1965년에 기본조약과 「청구권협정」이 체결되어 한일 간에 국교가 정상화되었지만, 식민지지배 책임 문제는 그렇게 미해결인 상태로 남겨진 것이다.

---

9 김창록, 〈1910년 한일조약에 대한 법사학적 재검토〉, 《동북아역사논총》 29, 2010 참조.

10 대한민국정부, 《한일회담백서》, 1965, 41면.

다시 한번 확인한다

「청구권협정」의 대상은 아래와 같다.

> 「청구권협정」은 일본 정부가 주장하는 '영토의 분리'에
> 따른 한일 양국 간의 재정적·민사적 채권·채무관계를
> 해결하기 위한 것이었으며, 불법적 식민지지배의 문제는
> 그 대상이 아니었다.

제3장

'징용'이 아니라
'강제동원'이다

2018년 대법원 판결은, 앞서 살펴 본 것과 같이 「청구권협정」의 적용대상을 특정한 다음, 원고들의 청구권은 "일본 정부의 한반도에 대한 불법적인 식민지배 및 침략전쟁의 수행과 직결된 일본 기업의 반인도적인 불법행위를 전제로 하는 강제동원 피해자의 일본 기업에 대한 위자료청구권"이므로 「청구권협정」의 적용대상에 포함된다고 볼 수 없다"라고 판단했다.

즉, 원고들의 위자료청구권은 불법적인 식민지배와 직결된 반인도적인 불법행위에 대한 것이므로 강제동원 위자료청구권이며, 그러한 강제동원 위자료청구권은 「청구권협정」의 적용대상이 아니라는 것이다. 그러면 일본의 한반도 지배는 왜 '불법적인 식민지배'일까? '불법적인 식민지배와 직결된 강제동원'이란 무엇일까?

'불법적인 식민지배'

2018년 대법원 판결 자체에는 일제의 한반도 지배가 왜 '불법적인 식민지배'인지에 대한 근거가 제시되어 있지 않다. 하지만, 그 근거는 원심판결인 서울고등법원 판결에 제시되어 있고, 서울고법은 그 부분에 대해 2012년 대법원 판결을 따르고 있으므로, 결국 2018년 대법원 판결은 2012년 대법원 판결의 근거를 그대로 채용한 것이라고 볼 수 있다. 2012년 대법원 판결의 해당 부분은 아래와 같다.

> 대한민국 제헌헌법은 그 전문에서 "유구한 역사와 전통에 빛나는 우리들 대한국민은 기미삼일운동으로 대한민국을 건립하여 세상에 선포한 위대한 독립정신을 계승하여 이제 민주독립국가를 재건함에 있어서"라고 하고, 부칙 제100조에서는 "현행법령은 이 헌법에 저촉되지 아니하는 한 효력을 가진다"고 하며, 부칙 제101조는 "이 헌법을 제정한 국회는 단기 4278년 8월 15일 이전의 악질적인 반민족행위를 처벌하는 특별법을 제정할 수 있다"고 규정하였다. …… 또한, 현행헌법도 그 전문

에 "유구한 역사와 전통에 빛나는 우리 대한국민은 3·1 운동으로 건립된 대한민국임시정부의 법통과 불의에 항거한 4·19 민주이념을 계승하고"라고 규정하고 있다. 이러한 대한민국 헌법의 규정에 비추어 볼 때, 일제강점기 일본의 한반도 지배는 규범적인 관점에서 불법적인 강점에 지나지 않(는다).

요컨대 대한민국은 3.1운동의 독립정신과 대한민국 임시정부의 법통을 계승하고 있는데, 그 둘은 일제의 지배를 부정한 것이므로 "일제강점기 일본의 한반도 지배는 규범적인 관점에서 불법적인 강점"이라는 것이다.

그런데 3.1운동과 대한민국임시정부 수립은 1919년의 일이다. 그렇다면 그 이전, 다시 말해 1910년부터 1919년까지는 왜 '불법강점'인가? 그 근거는 2012년 판결에도 나오지 않는다. 물론 3.1운동과 대한민국임시정부 수립에서 그 근거를 도출하는 것이 불가능한 것은 아니다. 일제의 지배를 부정한다는 것은 그 전체를 부정하는 것이기 때문이다.[1]

---

1 그 점에 관해 특히 1917년 7월의 「대동단결의 선언」은 아래와 같

다만 조금 더 파고들면, 1910년 및 그 이전에 대한 제국과 대일본제국 사이에 체결된 일체의 조약은 애당초 무효라고 하는 대한민국 정부의 공식입장이 더 직접적인 근거라고 할 수 있다. 「기본조약」 제2조에 대해 한국 정부는 1965년에, "해당되는 조약 및 협정에 관하여는 1910년 8월 22일의 소위 한일 합병조약과 그 이전에 대한제국과 일본제국 간에 체결된 모든 조약 협정 의정서 등 명칭 여하를 불문하고 국가 간 합

이 주장하고 있다. "융희 황제가 삼보三寶를 포기한 8월 29일은 즉 오인吾人 동지가 삼보를 계승한 8월 29일이니 기간其間에 순간도 정식停息이 무無함이라. 오인 동지는 완전한 상속자니 피彼 제권帝權 소멸의 시時가 즉 민권 발생의 시오. 구한舊韓 최종의 1일은 즉 신한新韓 최초의 1일이니 하이고何以故오. 아한我韓은 무시無始 이래로 한인韓人의 한韓이요, 비한인의 한이 아니라, 한인 간의 주권 수수授受는 역사상 불문법의 국헌이요, 비한인에게 주권 양여는 근본적 무효요, 한국민성韓國民性의 절대 불허하는 바이라. 고로 경술년 융희 황제의 주권 포기는 즉 아 국민 동지에 대한 묵시적 선위禪位니 아 동지는 당연히 삼보를 계승하여 통치할 특권이 있고 또 대통大統을 상속할 의무가 유有하도다. 고로 2천만의 생령生靈과 3천리의 구강舊疆과 4천년의 주권은 오인 동지가 상속하였고 상속하는 중이오 상속할 터이니 오인 동지는 차此에 대하여 불가분의 무한책임이 중대하도다."

의문서는 모두 무효이며 또한 정부 간 체결된 것이건 황제 간 체결된 것이건 무효이다. 무효의 시기에 관하여는 '무효'라는 용어 자체가 별단의 표현이 부대되지 않는 한 원칙적으로 '당초부터' 효력이 발생되지 않는 것이며 '이미'라고 강조되어 있는 이상 소급해서 무효 (Null and Void)이다"[2]라고 해석했다. 그리고 이후 그 해석을 유지하고 있다. 대법원 판결은 그 공식입장을 전제하고 있는 것이라고 보아 틀림이 없다.

일제 법령의 효력

2012년 대법원 판결의 위와 같은 판단은 일본의 재판소가 선고한 판결을 승인할 것인지 여부를 다루는 부분에서 등장한다. 원고들 가운데 일부는 일본의 재판소에 제소해서 패소 판결을 선고받았었다. 피고 일

---

2 대한민국정부, 《한일회담백서》, 1965, 19면.

본 기업은 그 판결을 한국 법원이 승인해야 한다고 주장했는데, 대법원은 일본 판결을 승인하는 것은 "대한민국의 선량한 풍속이나 그 밖의 사회질서에 위반하는 것"이므로 승인할 수 없다고 판단하면서, 일본 판결의 문제가 되는 부분을 아래와 같이 적시했다.

> 이 사건 일본 판결이 일본의 한반도와 한국인에 대한 식민지배가 합법적이라는 규범적 인식을 전제로 하여 일제의 국가총동원법과 국민징용령을 한반도와 원고 등에게 적용하는 것이 유효하다고 평가(한 부분)

요컨대 일본의 한반도 지배는 불법강점이었는데 일본 판결은 합법지배를 전제로 하고 있으니 승인할 수 없다는 것이다. 그런데 이 부분에서 대법원 판결은 일본 판결이 "일제의 국가총동원법과 국민징용령을 한반도와 원고 등에게 적용하는 것이 유효하다고 평가"한 것도 잘못이라고 짚고 있다. 역시 '합법지배'를 전제로 하고 있기 때문이라는 것이 그 이유이다. 그래서 2012년 대법원 판결은 위의 이 장 첫 번째 인용문 뒤에 아래와 같이 덧붙인다.

　일본의 불법적인 지배로 인한 법률관계 중 대한민국의
헌법정신과 양립할 수 없는 것은 그 효력이 배제된다.

　그렇다면 대법원은 어째서 일제 법령의 효력을 배제
시킬 수 있는가? 여기에서 주목되는 것이 위의 첫 번
째 인용문에 등장하는 1948년 헌법 부칙 제100조, 즉
"현행법령은 이 헌법에 저촉되지 아니하는 한 효력을
가진다"라는 조문이다. 여기에서의 '현행 법령'은 정부
수립 당시에 남아 있던 미군정의 법령과 미군정에 의
해 효력이 인정된 일제의 법령이다.

　제100조의 의미는 그 법령들이 「대한민국 헌법」에
저촉되지 않는 범위에서 효력을 가진다라는 것이다.
반대 해석하면 「대한민국 헌법」에 저촉되면 효력을 가
지지 않는다는 것이 된다. 그리고 그 효력에 대한 판
단은 개별사건의 경우 최종적으로는 최고법원인 대법
원이 하게 된다.

　일제의 법령은 대한민국 정부 수립 이후에도 상당

부분이 상당 기간 동안 효력을 가졌다.[3] 정부 수립 후 단기간에 모든 법령을 새로 갖출 수가 없었기 때문에 '법의 공백'을 피하기 위해 불가피한 측면이 있었다. 하지만 아무리 그렇더라도 「대한민국 헌법」에 저촉되는 것까지 효력을 인정할 수는 없는 노릇이었다. 그래서 1948년 헌법 제100조가 규정되게 된 것이다.

'징용'과 '강제동원'은 다르다

위와 같이 대법원 판결은 일제의 「국가총동원법」(1938년 법률 제55호)과 「국민징용령」(1939년 칙령 제451호)[4]이 '불법적인 식민지배와 직결된' 것이기 때문

---

3 일제의 법령은 1950년대 이후 「형법」 등 기본법령이 제정되고 구법령 정리사업이 추진된 결과 조금씩 정리되어 갔다. 그리고 최종적으로는, 1961년 7월 15일의 법률 제659호 「구법령 정리에 관한 특별조치법」에 의해, 1962년 1월 20일에 대한민국 땅에서 법적으로 완전히 사라지게 되었다.

에, 다시 말해 「대한민국 헌법」에 저촉되기 때문에 효력이 배제된다고 판단했다. 그런데 일제의 「국가총동원법」과 「국민징용령」이 바로 '징용'의 근거법령이다. 그 법령들의 효력이 배제된다면 어떻게 되는가?

'징용'은 「국가총동원법」과 「국민징용령」 등 일제의 법령에 근거한 제도였다. 다시 말해 일제는 '징용'이라는 '합법적인' 제도를 만들어 한반도의 인민을 데려가서 일을 시킨 것이다. 그러니 일본의 입장에서는 '징용'에 대해서는 법령에 따라 져야 할 책임 이외에는 아무런 책임이 없는 것이 된다.

하지만 「국가총동원법」과 「국민징용령」의 효력이 배제된다면, 일제는 아무런 법적 근거 없이 한반도의 인민을 강제로 연행해서 강제로 노동을 시킨 것, 즉 강제동원을 한 것이 된다. 대법원 판결은 그러한 이유에서 "일제강점기의 강제동원 자체를 불법"이라고 판단

---

4 「국민징용령」은 원래 일제의 본토(이른바 '內地')에서만 적용되었으나, 「국민징용령 중 개정의 건(國民徵用令中改正ノ件)」(1943년 칙령 제600호)의 부칙에 의해 1943년 9월 1일부터 이른바 '外地'인 한반도에도 적용되는 것으로 되었다.

한 것이다. 이 경우에는 불법행위에 대한 책임이 발생하게 된다. 대법원 판결이 해결되지 않았다고 하는 것은 바로 이 '강제동원' 문제인 것이다.

즉, 원고들의 피해는 「국가총동원법」과 「국민징용령」 등 일제의 법령에 근거한 '징용'에 기인하는 것이 아니라, 그 법령들의 효력을 배제하는 것을 전제로 한 '강제동원'에 기인하는 것이며, '강제동원'은 「청구권협정」에도 불구하고 해결되지 않았다라고 대법원은 선언한 것이다.

원고들의 피해라는 현상은 하나인데 '징용'과 '강제동원'이라는 별개의 법적 판단이 논란이 되니 언뜻 듣기에 혼란스럽다. 그런데 이것은 「청구권협정」에 의해 '징용'에 관한 문제는 해결되었다는 사정과 관련이 있다.

'징용'은 해결되었나?

여기에서 기억을 되살리자. 「청구권협정」에 의해 해

결된 것으로 된 「대일청구요강」에 "피징용 한국인의 미수금, 보상금 및 기타 청구권"이 포함되어 있었다. 그러면 거기에서 말하는 '징용에 관련된 미수금과 보상금 및 기타 청구권'은 무엇일까?

4차의 개정을 거친 1944년 「국민징용령」(칙령 제89호)에서는 피징용자에게 임금을 주게 되어 있었고, 징용 기간 중의 업무상 상해 또는 질병이나 그로 인한 사망 등의 경우에 부조를 하게 되어 있었다. 그런데 한국인 피해자들은 그 임금과 부조를 받지 못한 경우가 있었다. 그 받지 못한 임금이 미수금이고 그 받지 못한 부조에 대해 지급해야 하는 것이 보상금이다. 그리고 기타 청구권은 미수금 또는 보상금과 동일한 성격을 가지는 청구권이다. 이것들은 「청구권협정」에 의해 해결된 것이다.

다만 '징용은 해결되었다'라고 할 때, '해결되었다'라는 것이 무엇을 의미하는지는 추가적으로 따져보아야 한다. 2018년 대법원 판결에는 이에 관한 판단은 없다. 왜냐하면 원고들이 징용에 관한 미수금이나 보상금은 청구하지 않고 강제동원에 대한 배상금만을 청구해서 애당초 판단할 필요가 없었기 때문이다.

'해결되었다'라는 것의 의미는 2012년 대법원 판결의 가정적 판단에서 나온다.[5] 해당 부분은 아래와 같다.

> (어떤 청구권이) 청구권협정의 적용대상에 포함된다고 하더라도 그 개인청구권 자체는 청구권협정만으로 당연히 소멸한다고 볼 수는 없고, 다만 청구권협정으로 그 청구권에 관한 대한민국의 외교적 보호권이 포기(된 것에 불과하다.)

즉, '징용'이 「청구권협정」에 의해 해결되었다고 하더라도, 그것은 '징용'에 관한 대한민국의 외교적 보호

---

[5] 이 가정적 판단은 2012년의 미쓰비시중공업 소송 판결과 일본제철 소송 판결 모두에 등장한다. 전자의 경우 원고들이 「대일청구요강」에 포함되어 있는 미수금도 청구했기 때문에 개인의 권리 소멸 여부가 문제가 될 소지가 있었다. 하지만 후자의 경우에는 원고들이 처음부터 위자료만 청구했기 때문에, 그것이 「청구권협정」의 적용대상이 아니라는 판단만으로 충분했고, 개인의 권리 소멸 여부는 다룰 이유가 없었다. 추측건대, 당시의 대법원 제1부가 미쓰비시중공업 소송 판결을 먼저 작성하고 그 논지를 일본제철 소송 판결에도 가져오면서 개인의 권리 소멸 여부에 관한 부분을 뺐어야 함에도 빼지 않은 결과인 듯하다.

권이 포기되었다는 것을 의미할 뿐이며, '징용' 피해자 개인의 청구권은 소멸된 것이 아니라는 의미이다. 이것은 일본 정부와 최고재판소의 입장이기도 하다. 일본 정부와 최고재판소도 협정 자체에 의해 청구권이 소멸된 것은 아니라고 하고 있다.[6]

핵심은 '징용'이 아니라 '강제동원'이다

중요한 것은 2018년 대법원 판결의 판단대상은 그러한 '징용'이 아니라 '강제동원'이라는 점이다. '강제동원'은 「청구권협정」에 의해 해결된 '징용'과는 전제가 완전히 다른 별개의 문제이다. '강제동원'은 일제의 한반도 지배가 불법강점이라는 전제 위에서, 일제의 법

---

6 일본 정부의 입장에 관해서는, 김창록, 〈1965년 한일조약과 한국인 개인의 권리〉, 국민대학교 일본학연구소 편, 《의제로 본 한일회담》, 선인, 2010 참조. 일본 최고재판소의 입장에 관해서는 위의 제1장 각주 15 참조.

령 가운데 「대한민국 헌법」에 저촉되는 것은 효력이 배제된다는 전제 위에서 인정되는 불법행위이다. 불법적인 식민지배 문제를 대상으로 하지 않은 「청구권협정」에서 그러한 강제동원 문제는 해결된 적이 없는 것이다.

덧붙이면, 국내에서는 '강제징용'이라는 용어가 널리 쓰이고 있는데, 이는 적절한 표현이 아니다. 불법성을 내포하는 '강제'와 합법성을 내포하는 '징용'을 엮는 것은 형용모순이며, 문제의 본질을 흐리고 혼란을 초래할 위험이 크다. 대법원 판결의 다수의견=법정의견은 '강제징용'이라는 용어를 일절 사용하고 있지 않으며, 일관되게 '강제동원'이라는 용어를 사용하고 있다. '강제징용' 대신 '강제동원'이라는 용어를 사용할 것을 간곡하게 요청한다.

다시 한 번 확인한다

'징용'과 '강제동원'은 아래와 같이 서로 다르다.

'징용'은 일제의 법령에 근거한 '합법적인' 제도이며, '강제동원'은 법적인 근거가 없는 '불법행위'이다. 「청구권협정」에 의해 '피징용 한국인의 미수금, 보상금' 문제는 해결되었다. 다만 해결된 것은 그에 관한 대한민국의 외교적 보호권만이며, 피해자 개인의 청구권은 소멸되지 않았다. 반면에 '강제동원' 문제는 애당초 「청구권협정」의 적용대상이 아니었고, 따라서 애당초 해결된 적이 없다.

〔보론〕 한일회담 당시의 한국 측 발언을 보면 해결된 것이다?

2019년 7월 30일의 요미우리読売신문 보도7에 따르면, 전날인 7월 29일에 일본 외무성이 한일회담 교섭 기록을 제시하며 "한국의 주장은 모순"이라고 주장했다. 제시된 것은 1961년 5월 10일에 개최된 제5차 한일회담 예비회담 일반청구권 소위원회 13회 회합의 기록이다. 그 기록에는 '피징용 한국인의 보상'에 관해 한국 측이 아래와 같이 발언했다고 되어 있다.

> "강제적으로 동원하여 정신적 육체적 고통을 준 것에 대해 상당한 보상을 요구하는 것은 당연하다." "당시 한국인은 일본인으로서 징용령이 적용되었다고 하지만, 우리는 그렇게 생각하지 않는다. 일본인이 일본인으로서 전쟁을 위해 징용된 것과는 다른 이야기이며, 우리는 완전히 강제적으로 동원되었고 또 심하게 학대를 받았다."8

---

7 〈徴用工訴訟、韓国の主張に矛盾 … 外交文書を公開〉,《読売新聞》2019.7.30.

한국 정부가 공개한 기록에도 비슷한 내용이 나온다. 그런데 이 기록에는 한국 측의 이와 같은 발언에 대해 일본 측은 다른 주장을 했다는 사실도 기재되어 있다. 그리고 그 일본 측의 주장은 1962년 2월 8일 제6차 한일회담 일반청구권 소위원회 10회 회합에 관한 일본 측의 기록에 아래와 같이 정리되어 있다.

> 한국 측은 본 건 청구(피징용 한국인 보상금 ; 저자)에서 생존자에 대해서도 징용에 의한 정신적 고통에 대한 보상을 요구하고 있지만, 일본 측으로서는 피징용 한인은 당시에는 일본인과 같은 법적 지위에 있었던 것이고, 일본인에 대해서는 징용된 것만으로는 전혀 보상조치를 취하지 않았기 때문에, 피징용 한국인에 대해서도 마찬가지 취급을 할 수밖에 없다고 생각한다. 또한 사망, 부상자에 대한 원호조치에 대해서는 당시의 국내법에 의해 지급해야 할 것은 이미 지급을 완료했지만, 미수금으

---

8 外務省アジア局北東アジア課, 〈第5次日韓全面会談予備会談の一般請求権小委員会会合(第13回会合)〉, 1961.5.10, 20~21면. 이하 일본 측 한일회담 자료는 '日韓会談文書情報公開アーカイブズ'(http://www.f8.wx301.smilestart.ne.jp/nikkankaidanbunsyo/index.php)에서 검색한 결과에 따른다.

로서 처리되어야 하는 것이라고 생각한다.[9]

또한 한국 측 기록에 따르면, 한국 측은 1961년 12월 15일 제6차 한일회담 일반청구권 소위원회 7차 회의에서 피징용자 보상금 3억 6,400만 달러를 포함하여 8개 항목 전체에 대한 보상금으로 총 12억 2,000만 달러를 요구하면서 아래와 같이 발언했다.

"제5항의 4는 한국인 피징용자에 대한 보상금인데, 이것은 과거 일본에 강제징용된 한국인이 그 징용으로 말미암아 입은 피해에 대하여 보상을 청구하는 것이다. …… 우리 국민은 일본인과는 달리 단지 일본의 전쟁수행을 위한 희생으로서 강제징용되었다는 점에 비추어 사망자에 대한 보상은 물론 생존자에 대하여도 그 피해에 대하여 보상을 청구하는 것이다. …… 보상금은 생존자에 대하여 1인당 200불, 사망자에 대하여 1인당 1,650불, 부상자에 대하여 1인당 2,000불 …… 사망자와 부상자는 일본인에 대하여 보상하고 있는 것을 기준으로 하였

---

9 外務省アジア局北東アジア課, 〈第6次日韓全面会談の一般請求権小委員会第10回会合〉, 1962.2.8, 17면.

다. …… 생존자는 육체적, 정신적으로 입은 피해와 고
통을 고려한 것이다."10

 이들 기록을 종합하면 아래와 같은 점들이 확인된
다. 1) 실무자 단계의 회담에서 한국 측이 "강제적으
로 동원하여 정신적 육체적 고통을 준 것"에 대한 보
상을 요구한 적이 있다. 2) 한국 측의 위 보상 요구는,
일본 정부가 일본인에게는 지급하지 않은 생존자에 대
한 보상금을 요구하는 맥락에서 나온 것이며, 사망자와
부상자에 대해서는 한국 측도 일본인과 마찬가지의 보
상을 요구했을 뿐이어서, '불법강점'을 전제로 엄밀하
게 법적인 논리를 전개한 것이라고 보기는 어렵다. 3)
일본 측은 시종일관 '합법지배'를 전제로 당시의 일본
국내법에 따른 보상만이 가능하다는 논리로 맞섰다.

 따라서 위의 기록들을 내세워 '강제동원은 「청구권

10 대한민국 외무부 아주과, 〈소위원회, 7차, 1961.12.15〉, 《제6차
 한일회담. 청구권위원회 회의록, 1-11차, 1961.10.27-62.3.6》, 19
 62, 156-158면. 한국 측 한일회담 자료는 '동북아역사넷'-'한일회
 담외교문서'(http://contents.nahf.or.kr/item/item.do?itemId=kj)
 에서 검색한 결과에 따른다.

협정」의 적용대상이 아니었다'라는 대법원 판결을 탄핵하는 것은 불가능하다. 사실 위의 기록들은 새로운 것이 아니라 한일 양국 정부에 의해 이미 오래전에 공개된 것이며, 무엇보다 소송과정에서 피고 일본 기업이 자신의 주장의 근거로서 한국 법원에 제출했던 것이다. 그리고 대법원 판결은 그 기록들에 대해 이미 아래와 같이 판단했다.

"(그 기록들에 기재된) 발언 내용은 대한민국이나 일본의 공식 견해가 아니라 구체적인 교섭 과정에서 교섭 담당자가 한 말에 불과하고, 13년에 걸친 교섭 과정에서 일관되게 주장되었던 내용도 아니다. '피징용자의 정신적, 육체적 고통'을 언급한 것은 협상에서 유리한 지위를 점하려는 목적에서 비롯된 발언에 불과한 것으로 볼 여지가 크고, 실제로 당시 일본 측의 반발로 제5차 한일회담 협상은 타결되지도 않았다. 또한 위와 같이 협상과정에서 총 12억 2,000만 달러를 요구하였음에도 불구하고 정작 청구권협정은 3억 달러(무상)로 타결되었다. 이처럼 요구액에 훨씬 미치지 못하는 3억 달러만 받은 상황에서 강제동원 위자료청구권도 청구권협정의 적용대상에 포함된 것이라고는 도저히 보기 어렵다."

전체적으로 볼 때 타당한 판단이다. 한 가지 덧붙이면, 일본 측이 '강제동원'이라는 것을 인정하고 그에 대한 협의를 해서 한국 측과 합의에 도달했다는 기록은 어디에도 없다. 당연한 일이다. 일본 정부는 시종일관 '강제동원' 자체를 부정했기 때문이다. 그래서 대법원 판결은 아래와 같이 판단했다.

> 청구권협정의 협상과정에서 일본 정부는 식민지배의 불법성을 인정하지 않은 채, 강제동원 피해의 법적 배상을 원천적으로 부인하였고, 이에 따라 한일 양국의 정부는 일제의 한반도 지배의 성격에 관하여 합의에 이르지 못하였다. 이러한 상황에서 강제동원 위자료청구권이 청구권협정의 적용대상에 포함되었다고 보기는 어렵다. 청구권협정의 일방 당사자인 일본 정부가 불법행위의 존재 및 그에 대한 배상책임의 존재를 부인하는 마당에, 피해자 측인 대한민국 정부가 스스로 강제동원 위자료청구권까지도 포함된 내용으로 청구권협정을 체결하였다고 보이지는 않기 때문이다.

사정이 이와 같음에도 불구하고, 일본 외무성이 이미 검토가 끝난 낡은 기록의 일부만을 끄집어내어 대법원 판결에 문제가 있는 것처럼 몰아가려 하는 것은, 사태의 본질을 호도하여 그 해결을 오히려 어렵게 만드는 것으로서 매우 부적절한 행태라고 하지 않을 수 없다.

제4장

'1965년 체제',

수명이 다해 가고 있다

국제법 위반?

2018년 10월 30일, 대법원 판결이 선고된 그날 아베 신조安倍晋三 총리는 "국제법에 비추어 있을 수 없는 판단"이라고 반발했다.[1] 다음 날인 10월 31일에는 나카소네 히로후미中曽根弘文 전 외무대신이 "국제 상식에 비추어 있을 수 없다", "국가의 자격이 없다"라는 극언까지 쏟아냈다.[2] 일본 언론의 논조 역시 비난 일색이었다. 대법원 판결의 내용과 의미를 차분히 분석한 기사나 사설은 놀랍게도 거의 전무했다.

---

1 〈安倍首相、徴用工判決に〈国際法に照らしてあり得ない判断〉〉, 《産経新聞》 2018.10.30(https://www.sankei.com/article/20181030-BKOWZLUH2BMSFLAYTS6O3ZLULU/).

2 〈徴用工訴訟 自民党合同会議が決議へ 日韓請求権協定に基づく仲裁委員会設置を韓国に要求〉, 《産経新聞》 2018.10.31(https://www.sankei.com/article/20181031-4AVEE4PMTZNEHH5IHUPRQFYWEE/).

이후 일본 정부는 사안에 대해 언급할 때마다 '한국이 국제법을 위반했다'라는 주장을 빠뜨리지 않고 반복하고 있다. 도대체 무슨 국제법을 어떻게 위반했다는 것인가?

다른 나라를 '국제법 위반'이라고 비난할 때, 그것은 보통 국제사회의 일반원칙을 심각하게 위반한 경우이거나 국제조약을 명백하게 위반한 경우이다. 하지만 대법원 판결은 그런 경우에 해당하지 않는다. 게다가 일본 정부는 주장의 명확한 근거를 제시하지 않고 있다. 따라서 '국제법 위반'이라는 일본 정부의 비난은 아무런 근거도 없이 '한국은 나쁜 나라다'라고 동네방네 떠드는 할리우드 액션에 불과한 것이다.

「청구권협정」 위반?

일본 정부의 그나마 정리된 입장은 2018년 대법원 강제동원 판결 선고 직후에 발표된 「외무대신 담화」

(「대한민국 대법원에 의한 일본 기업에 대한 판결 확정에 관해」)3에서 발견된다. 그 요지는 아래와 같다.

   1. 대한민국 대법원의 판결은, "청구권협정 제2조에 명백히 반하며," "1965년의 국교정상화 이래 구축해 온 일한 우호협력 관계의 법적 기반을 근본으로부터 뒤집는 것으로서 극히 유감이며 결단코 받아들일 수 없"다.
   2. 일본으로서는, "대한민국이 즉각 국제법 위반의 상태를 시정하는 것을 포함하여 적절한 조치를 강구할 것을 강력하게 요구"한다.
   3. "즉각 적절한 조치가 강구되지 않는 경우에는, …… 국제재판(이나 대항조치4)도 포함하여, 모든 선택지를

---

3 일본제철 강제동원 판결이 선고된 2018년 10월 30일에 첫번째 외무대신 담화가 발표되었다. 「大韓民國大法院による日本企業に対する判決確定について(外務大臣談話)」(https://www.mofa.go.jp/mofaj/press/danwa/page4_004458.html), 2018.10.30. 그 전문은 뒤의 〔자료3〕 참조. 또한 미쓰비시중공업 강제동원 판결이 선고된 11월 29일에도 동일한 명칭과 비슷한 내용의 「외무대신 담화」가 발표되었다. 「大韓民國大法院による日本企業に対する判決確定について(外務大臣談話)」(https://www.mofa.go.jp/mofaj/press/danwa/page4_004550.html), 2018.11.29.

4 2018년 10월 30일 「외무대신 담화」에는 포함되어 있지 않으나, 11월 29일 「외무대신 담화」에 추가된 부분이다.

시야에 넣으면서, 의연한 대응을 강구할 생각"이다.

위의 담화에 등장하는 비난의 유일한 근거는 '대법원 판결이 「청구권협정」 제2조에 반한다'라는 것이다. 그러니까 '「청구권협정」 제2조 위반'을 가지고 '국제법 위반'이라고 하고 있는 것이다. 「청구권협정」은 조약이니 국제법의 일부인 것은 맞다. 하지만 규정 자체가 애매하다. 그 애매한 규정에 대해 대한민국 대법원이 국제법의 조약 해석 기준에 따라 해석을 했다. 그것이 곧바로 '국제법 위반'이 될 수는 없는 노릇이다.

일본 정부가 제기하는 문제의 실체는 너그럽게 보아도 '대한민국 대법원 판결의 해석이 우리의 해석과 다르다'라는 데 머문다. 그렇다면 자신의 해석을 제시하고 그 근거를 밝히면서 대법원 판결을 탄핵하는 것이 정상적인 대응의 모습이다. 그런데 일본 정부는 자신의 해석이 무엇인지 그 근거가 무엇인지는 일절 밝히지 않는다. 위의 「외무대신 담화」에는 "참고"로서 「청구권협정」 제2조 1항 및 3항의 조문이 첨부되어 있을 뿐이다. 그러니 결국 일본 정부의 주장은 '내 마음에

들지 않는 해석은 국제법 위반이다'라는 것이다. 참으로 오만한 주장이 아닐 수 없다.

해석상의 분쟁은 존재하는가?

보다 근본적인 문제가 있다. 애당초 대법원 판결의 해석은 일본 정부의 해석과 다른가, 즉 해석상의 분쟁이라는 것이 존재하는가라는 문제이다.

대법원 판결의 해석은 '강제동원 문제는 「청구권협정」의 대상이 아니다'라는 것이다. 일본 정부가 그 해석이 잘못된 것이라고 하려면 '강제동원 문제는 「청구권협정」의 대상이다'라고 맞서야 맞다. 하지만 놀랍게도 일본 정부는 그렇게 주장하지 않는다.

일본 정부는 '강제동원'이라는 표현 자체를 사용하지 않는다. 대신에 '징용'이라는 표현을 사용한다. 대법원 판결 이후 일본 정부가 '구 조선반도 출신 노동자 문제'라는 새로운 표현을 내놓기는 했지만,5 이건 특별한 의미가 없다. 대법원 판결 사건 원고들이 징용이 아니라 모집이나 관 알선으로 일본에 갔다는 사실을 강조하여 그들의 '자발성'을 두드러지게 하려는 의도로 보이지만, 원고들 가운데 일부는 일본 현지에서 징용으로 전환된 경우도 있고, 무엇보다 역사학자들의 연구에 의해 모집이나 관 알선도 기만에 의한 강제연행·강제노동이었다는 사실이 밝혀졌기 때문에,[6] 그 의도는 애당초 허망한 것이다.

보다 근본적으로 '구 조선반도 출신 노동자 문제'는 그 자체가 지나치게 포괄적이고 애매해서 애당초 법적인 의미를 가지기 어렵다. 따라서 일본 정부의 주장을 법적인 의미를 가지는 것으로 재구성하면 '징용 문제는 「청구권협정」의 대상이다'라는 것이 된다.

요컨대, 대법원 판결은 '강제동원 문제는 「청구권협

---

5 《第197回 国会 衆議院 予算委員会 第2号》, 2018.11.1, 7면.
6 도노무라 마사루 지음/ 김철 옮김, 《조선인 강제연행》, 뿌리와이파리, 2018; 동북아역사재단 일제침탈사 편찬위원회 기획/ 허광무, 정혜경, 김미정 지음, 《일제의 전시 조선인 노동력 동원》, 동북아역사재단, 2021 참조.

정」의 대상이 아니다'라고 하는 데 대해, 일본 정부는 '징용 문제는 「청구권협정」의 대상이다'라며 맞서고 있는 것이다. 양자의 해석이 다르다고 하려면, 그래서 해석상의 분쟁이 존재한다고 하려면, 한국 측이 'A(강제동원 문제)는 B(「청구권협정」의 대상)가 아니다'라고 하는 데 대해 일본 측은 'A는 B이다'라고 맞서야 한다. 그런데 현재의 한일 간 대립의 실질은, 한국 측이 'A는 B가 아니다'라고 하는 데 대해, 일본 측은 'A는 B이다'가 아니라 'C(징용 문제)는 B이다'라며 맞서고 있는 것이다. 따라서 논리적으로는 분쟁 자체가 존재하지 않는 것이다.

한국 정부가 답을 가져와라?

사정이 이런데도, 일본 정부는 한국 정부에 대해 "즉각 국제법 위반의 상태를 시정하는 것을 포함하여, 적절한 조치를 강구할 것을 강력하게 요구한다"라고 목소리를 높이고 있다.

지난 2019년 6월 19일 무렵에는 고노 타로河野太郎 외무대신이 한국 외교부가 전달한 '방안'을 그것으로는 "국제법 위반 상황이 계속되는 것이므로 일본으로선 받아들일 수 없다"[7]라며 내쳤다. 한 달 뒤인 7월 19일 에는 역시 고노 외무대신이 한국 대사와 마주 앉은 자리에서 "한국 측의 제안은 국제법 위반 상태를 시정하는 해결 방법이 될 수 없다는 것은 이전에 한국 측에 전달했다"라며 "그걸 모르는 척하면서 제안하는 것은 극히 무례하다"[8]라는 극언까지 서슴지 않았다.

그러면서도 한국 정부가 취해야 할 '적절한 조치'가 무엇인지에 대해서는 일절 이야기하지 않는다. 결국 '내 마음에 드는 답을 가져올 때까지 무조건 퇴짜다' 라는 것이다. 참으로 무례한 행태가 아닐 수 없다.

---

[7] 〈日외무상 "강제징용 관련 韓제안, 수용 못 한다고 전달"(종합2 보)〉, 《연합뉴스》 2019.6.19(https://www.yna.co.kr/view/AKR201 90619147852073?section=search).

[8] 〈河野外相〈極めて無礼〉 徴用工訴訟で駐日韓国大使とのやりとり詳細〉, 《産経新聞》 2019.7.19(https://www.sankei.com/article/20190719- PHPVDR5FWFMFRMEMNX4AND4UNM/2/).

한국 정부가 나서서 대법원 판결을 뒤집는 선언을
하라는 것인가? 한국 정부가 압력을 가해 대법원으로
하여금 판결을 뒤집게 하라는 것인가? 한국 정부가
대법원 판결에 따른 강제집행을 하지 못하게 하라는
것인가? 이것 말고 일본 정부가 말하는 '적절한 조치'
를 달리 생각하기 어렵다.

하지만 말할 것도 없이 이것은 삼권분립을 원칙으로
하는 민주주의국가에 대해 도저히 할 수 없는 요구이
다. 게다가 대한민국은 삼권분립을 침범했다는 혐의로
전직 대법원장이 기소되었고, 그 '거래'의 상대인 전직
대통령은 탄핵을 당해 수형생활을 한 나라이다.

중재?

한편 일본 정부는 「청구권협정」에 관한 자신의 해석
이 무엇인지는 제시하지 않으면서, 한일 간에 '분쟁'이
존재한다며 「청구권협정」 제3조의 절차를 요구했다.

「청구권협정」 제3조 1항에는 "본 협정의 해석 및 실시에 관한 양 체약국 간의 분쟁은 우선 외교상의 경로를 통하여 해결한다"라고 규정되어 있고, 2항 이하에는 1항에 의해 "해결할 수 없었던 분쟁"에 대해 결정할 중재위원회의 구성 및 그 결정의 효력에 관해 규정되어 있다.**9**

---

9 제3조의 전문은 아래와 같다. "1. 본 협정의 해석 및 실시에 관한 양 체약국 간의 분쟁은 우선 외교상의 경로를 통하여 해결한다. 2. 1의 규정에 의하여 해결할 수 없었던 분쟁은 어느 일방 체약국의 정부가 타방 체약국의 정부로부터 분쟁의 중재를 요청하는 공한을 접수한 날로부터 30일의 기간 내에 각 체약국 정부가 임명하는 1인의 중재위원과 이와 같이 선정된 2인의 중재위원이 당해 기간 후의 30일의 기간 내에 합의하는 제3의 중재위원 또는 당해 기간 내에 이들 2인의 중재위원이 합의하는 제3국의 정부가 지명하는 제3의 중재위원과의 3인의 중재위원으로 구성되는 중재위원회에 결정을 위하여 회부한다. 단, 제3의 중재위원은 양 체약국 중의 어느 편의 국민이어서는 아니된다. 3. 어느 일방 체약국의 정부가 당해 기간 내에 중재위원을 임명하지 아니하였을 때, 또는 제3의 중재위원 또는 제3국에 대하여 당해 기간 내에 합의하지 못하였을 때에는 중재위원회는 양 체약국 정부가 각각 30일의 기간 내에 선정하는 국가의 정부가 지명하는 각 1인의 중재위원과 이들 정부가 협의에 의하여 결정하는 제3국의 정부가 지명하는 제3의 중재위원으로 구성한다. 4. 양 체약국 정부는 본조의

일본 정부는 지난 2019년 1월 9일에 제3조 1항을 근거로 외교상의 경로를 통한 협의를 요청했고,[10] 같은 해 5월 20일에 제3조 2항을 근거로 중재위원회 구성을 요청했고,[11] 다시 같은 해 6월 19일에 제3조 3항을 근거로 "중재위원을 지명할 제3국을 선정"할 것을 요청했다.[12] 한국 정부는 그 요청들에 응하지 않았고, 그 결과 일본 정부의 '중재 카드'는 불발로 끝났다.

이 사태를 어떻게 볼 것인가? 일본 정부는 한국 정부가 「청구권협정」 제3조의 절차에 따를 의무를 위반해서 "추가적인 협정 위반"을 저질렀다고 주장한다.[13]

규정에 의거한 중재위원회의 결정에 복한다."

10 「旧朝鮮半島出身労働者問題に係る日韓請求権協定に基づく協議の要請」, 2019.1.9(https://www.mofa.go.jp/mofaj/press/release/press4_006961.html).

11 「旧朝鮮半島出身労働者問題に係る日韓請求権協定に基づく仲裁付託」, 2019.5.20(https://www.mofa.go.jp/mofaj/press/release/press4_007430.html).

12 「旧朝鮮半島出身労働者問題に関する金杉アジア大洋州局長による金敬翰在京韓国大使館次席公使の召致」, 2019.6.19(https://www.mofa.go.jp/mofaj/press/release/press4_007540.html).

13 「大韓民国による日韓請求権協定に基づく仲裁に応じる義務の不履行について(外務大臣談話)」, 2019.7.19 (https://www.mofa.go.jp/mofaj/

하지만 제3조의 절차에 따르는 것이 의무인지는 따져 볼 일이다. 2011년 8월 30일에 한국의 헌법재판소가 일본군'위안부' 문제의 해결에 나서지 않는 한국 정부의 부작위는 위헌이라고 선고[14]한 직후, 한국 정부가 제3조에 따라 외교상의 경로를 통한 협의를 요청했을 때 일본 정부가 응하지 않은 전례가 있다.

더 근본적으로는 무엇에 대한 협의이고 중재인지가 명확하지 않다는 문제가 있다. 협의든 중재든 주제가 명확해야 시작할 수 있다. 그런데 일본 정부는 '국제법 위반', '구 조선반도 출신 노동자 문제'에 대해 협의하고 중재하자고만 한다. 막연하다. 이걸 가지고 협의를 하자고 하는 것이나, 3인의 중재위원으로 구성되는 중재위원회에 결정해 달라고 하자는 것은 기본적인 요건을 충족시키지 못한 요구이다.

'강제동원 문제가 「청구권협정」의 대상인가?'에 대해 따지자고 한다면 주제가 조금 더 구체화된다. 하지만

---

press/danwa/page4_005119.html).

14 헌법재판소 2011.8.30 선고 2006헌마788 결정.

일본 정부는 그렇게 주제를 잡을 수 없다. '강제동원' 자체를 부정하기 때문이다. '징용 문제가 「청구권협정」의 대상인가?'라고 해도 주제가 조금 더 구체화된다. 하지만 대법원 판결은 '징용' 문제의 「청구권협정」 대상 여부에 대해 판단한 것이 아니므로, 이 또한 주제가 될 수 없다.

설혹 어떻게든 중재에 맡겨서 일정한 결론을 낸다고 하더라도 그것으로 끝나는 것도 아니다. 일본군'위안부', 사할린 한인, 원폭 등의 문제도 있다. 이 문제들도 모두 중재에 맡기지 않으면 안 되게 된다.

국제사법재판소?

일본 정부가 내비치는 국제사법재판소(International Court of Justice : ICJ) 제소도 마찬가지 문제점을 안고 있다. 일본 정부가 ICJ에 제소를 하려면 분쟁의 주제를 표시해야 하는데(「국제사법재판소 규정」 제40조 1

항), 이에 관해서는 중재의 경우와 마찬가지의 문제가 있다.

게다가 일본 정부가 ICJ에 제소하려면 관할권 성립의 근거를 제시해야 하는데, 한국 정부가 재판 진행에 동의하지 않으면 ICJ의 관할권은 성립되지 않는다. 따라서 'ICJ 카드'는 공허한 외침에 불과하다. 실제로도 ICJ 제소가 대단한 카드인 양 떠들던 일본 정부는 '중재 카드'가 불발로 끝난 이후 'ICJ 카드'도 슬그머니 접었다.

한편 국내에서도 중재에 응하자거나 국제사법재판소에 가보자고 주장하는 사람들이 있다. 그들에게 묻는다. '무엇'에 대해 중재에 맡길 것이며 ICJ에 부탁할 것인가? 중재나 ICJ 이야기를 하려면 먼저 이에 대한 대답부터 명확하게 제시해야 할 터이다.

'1965년 체제'의 운명 재촉하는 일본

일본 정부의 주장이 대법원 판결의 그것과 맞물리지 못하는 이유, 일본 정부의 공격이 공허한 이유는, 사안의 본질이 「청구권협정」의 틀을 넘어선 것이기 때문이다. 대법원 판결이 제기한 문제가 단순히 「청구권협정」의 기술적인 해석과 실시라는 영역에 머무는 것이 아니라, 「기본조약」 제2조에 직결되는, '일제에 의한 한반도 지배의 성격'이라는 한일관계의 근원적 대립점에 관한 문제이기 때문이다.

대법원 판결은 일차적으로는 「청구권협정」에 대한 해석이지만, 동시에 그 해석을 통해 「청구권협정」이라는 틀 바깥에 해결되지 않은 문제가 있다는 사실을 지적했다. 그런데 일본 정부는 자신에게 유리하다고 생각하는 「청구권협정」이라는 틀에서 벗어나려 하지 않는다.

그래서는 대법원 판결을 탄핵할 수 없다. 일본 정부의 '영토의 분리에 따른 문제 해결'이라는 '틀 안'의 논리로는, 대법원 판결의 '불법강점에 따른 반인도적 불법행위 문제 미해결'이라는 '틀 밖'의 논리에 대항할 수 없다. 싸우려면 「청구권협정」 바깥으로 나가야 한다. 그래서 '합법지배였으니 애당초 문제가 아니다'라고 맞서야 한다.

일본 정부도 내심으로는 그러고 싶을지 모른다. 그러나 '강제동원'의 심각한 피해 실태가 속속 드러나고 그에 대한 규탄이 차곡차곡 쌓여 온 지금, '합법지배이니 아무런 문제가 없다'라는 주장은 너무 뻔뻔한 시대착오적인 주장이니 차마 입에 올리기가 어렵다. 식민지지배에 대한 '통절한 반성과 마음으로부터의 사과'를 언급한 「무라야마村山 담화」[15] 이래 역대 일본 총리의 담화 내용과도 충돌한다. 그래서 그저 자신의 「청구권협정」 해석 안에 눌러 앉아 농성을 하며 '묻지도 따지지도 말고 한국이 해결해라'라고 억지만 부리고 있는 것이다.

결국 「기본조약」과 「청구권협정」을 축으로 하는 '1965

---

15 「戦後50周年の終戦記念日にあたって(村山内閣総理大臣談話)」, 1995. 8.15(http://www.mofa.go.jp/mofaj/press/danwa/07/dmu_0815.html).

년 체제'는 수명이 다해 가고 있다. '1965년 체제'는 21세기의 한일 간 대립을 덮어 가리기에는 이미 너무 낡았다. 1965년에는 그럭저럭 문제를 덮어 가린 듯이 처리하고 넘어갈 수 있었지만 더 이상 그럴 수 없다. 30년 가까운 세월 동안 피해자들의 호소에 응답하기 위해 '자료와 논리'를 거듭 쌓으며 따지고 들어간 결과, 그것이 매우 낡고 헤진 그물 조각이라는 사실이 점점 더 명확해졌다.

그런 '1965년 체제'에 매달리면 매달릴수록 그 '운명의 순간'은 더 앞당겨질 뿐이다. 그래서 무리에 무리를 거듭하며 덮으려 했던 본질적인 문제가 더욱더 선명하게 부각될 뿐이다. 지금 일본 정부가 하고 있는 일이 바로 그것이다.

제5장

한국 정부가

나서야 한다?

'한국 정부가 나서서 해결하라'라고 채근하는 것은 일본 정부만이 아니다. 국내에서도 여기저기서 그런 주장이 들린다. 그런데 도대체 무엇을 하라는 것이며, 왜 그렇게 하라는 것인가?

'강제동원' 문제에 대해 한국 정부와 기업은 책임이 없다

다시 한 번 되새기고 넘어가자. 제1장에서 확인한 것처럼, 2018년 대법원 판결의 결론은 '강제동원 문제는 「청구권협정」의 적용대상이 아니다'라는 것이다.

따라서 강제동원 문제는 「청구권협정」과 관련이 없고, 당연히 「청구권협정」에 따라 한국이 받은 무상 3억불과도 관련이 없다. 이는 곧 강제동원 문제에 관한 한 한국 정부는 책임이 없고, 무상 3억불로부터 지원을 받은 포스코 등 한국 기업들도 책임이 없다는 것을 의미한다.

이러한 대법원 판결의 취지에 어긋나는 주장은 애당초 해법이 될 수 없다. 그런데도 그 취지에 어긋나는 주장들이 난무하고 있다. 같은 이의 주장이 시시각각으로 변하기도 한다. 실로 중구난방이라고 해야 할 상황이 어지럽게 펼쳐지고 있는 것이다. 일일이 정리하기도 어렵지만, 대표적인 몇 가지만 추려서 살펴보기로 한다.

2+2?

한국 정부가 나서서 한국 기업, 일본 정부, 일본 기업과 함께 재단을 만들어 해결하라고 한다. 이른바 2+2이다. 대법원 판결에 따르면 강제동원 문제에 대해 책임이 없는 한국 정부가 왜 재단을 주도적으로 만

들어야 하고, 마찬가지로 책임이 없는 한국 기업이 왜 재단에 출연을 해야 한다는 것인가?

제안자들은 선례로 독일의 '기억, 책임, 미래 재단 (Stiftung Erinnerung, Verantwortung und Zukunft)'[1]을 든다. 그런데 그 재단은 제2차 세계대전 당시 나치 독일에 의해 강제동원 피해를 당한 사람들을 구제하기 위해 2000년에 독일 정부와 기업이 각각 50억 마르크씩 출연해서 만든 것이다. 다시 말해 가해국의 정부와 기업이 자신들의 잘못에 대한 책임을 지기 위해 만든 것이다.

우리의 사안에 적용하면, 재단을 만든다면 당연히 가해국인 일본의 정부와 기업이 주체가 되어 만들어야 하는 것이다. 가해자가 아닌 한국 정부가 나서야 할 일도 한국 기업이 동참해야 할 일도 아니다. 하물며 가해국은 책임을 못 지겠다고 버티면서 오히려 피해국을 비난하고 있는 상황임에랴.

또한 '기억, 책임, 미래 재단'은 1990년대에 나치 강

---

1 재단 홈페이지 (https://www.stiftung-evz.de/) 참조.

제동원 피해자들이 미국에서 독일 기업을 상대로 제기한 소송에 대한 대처방안으로 만들어진 것이다. 그 소송들로 인해 독일 기업에 대한 미국 내의 여론이 나빠졌다. 그런 상황에서 빌 클린턴(Bill Clinton) 미국 대통령이 중재자로 나서서 재단을 만들어 해결하는 방법을 제안했고, 그것이 결실을 맺어 재단이 만들어진 것이다. 그런데 주목해야 할 것은, 미국 소송에서 관련 피해자들이 승소한 케이스는 없고, 그 결과 재단은 '법적 책임'은 배제한 형태로 만들어졌다는 점이다.

우리의 사안은 그 점에서도 다르다. 한국인 피해자들은 대법원 판결이라는 승소 확정판결을 가지고 있다. 그 판결에는 일본 기업에게 법적 책임이 있다고 되어 있다. 따라서 해결 방안은 '법적 책임'을 지는 형태가 되어야 한다. 물론 피해자들이 동의한다면, 일본 정부와 기업이 재단을 만들어 소송에 참여하지 않은 피해자들까지 포함한 전체 피해자들과 화해하는 것이 불가능하지는 않다. 하지만 그 경우에도 '법적 책임'의 핵심인 사실 인정, 사죄, 배상, 진상 규명, 위령 등이 반드시 포함되지 않으면 안 된다.

원래 2+2는, 대한변협이 일본변호사연합회와 함께 제안하여 2017년 6월 13일에 발의된 「일제강제동원 피해자 인권재단의 설립에 관한 법률안」[2]으로 구체화되었던 것이다. 대법원 확정판결이 지체되는 가운데, 시간이 얼마 남지 않은 고령의 피해자들을 위해, 책임의 문제는 제쳐두고 신속하고도 포괄적인 해결책을 마련하자는 뜻을 담은 것이었다. 따라서 당시로서는 일정한 평가를 받을 수도 있는 것이었다. 하지만, 대법원 판결이 나와 일본 기업이 책임자로 확정된 지금으로서는 설득력이 없다.

---

[2] 「일제강제동원 피해자 인권재단의 설립에 관한 법률안」, 2017.6.13 (https://likms.assembly.go.kr/bill/billDetail.do?billId=PRC_M1M 7G0M6F1W3B1N7I0T1U4V7X6T8C7). 이 법률안은 이혜훈 의원 등 10인에 의해 발의되었으나, 2020년 5월 29일 임기만료로 폐기되었다.

2+1?

2+1은 매우 기이한 주장이다. 한국 정부가 나서서 한국 기업, 일본 기업과 함께 재단을 만들어 해결하라는 주장인데, 일본 정부는 왜 빼자는 것인지 그 이유를 알 수가 없다.

대법원 판결에서도 확인되는 것처럼, 계획을 수립하고 실행하며 강제동원을 주도한 것은 일본 정부이다. 따라서 일본 정부야말로 보조자인 일본 기업보다 훨씬 더 큰 책임을 져야 한다.

대법원 판결에서 일본 정부가 빠진 것은, 원고들이 일본에서는 일본 정부와 기업 모두를 상대로 소송을 제기했지만,[3] 한국에서는 일본 기업만을 상대로 소송을 제기했기 때문이다. '다른 나라를 법정에 세울 수 없다'라는 국제법상의 원칙, 즉 '주권면제' 또는 '국가면제'의 원칙 때문이다. 물론 이 원칙은 절대적인 것은

---

3 大阪地方裁判所 平成9年（ワ）第13134号等；大阪高等裁判所 平成13年（ネ）第1859号；最高裁判所第一小法廷 平成15年（オ）第340号.

아니다. 하지만 법정에서 이 원칙을 극복하는 데는 많은 시간이 걸릴 수 있다. 그 점을 고려해서, 다시 말해 일본 정부에게 책임이 없어서가 아니라, 소송 전술상의 이유로 한국 소송에서는 일본 정부를 피고에서 뺀 것이다.

사정이 이런데도 재단에서 일본 정부는 빼자는 것은 무엇 때문일까? '일본 정부가 세게 반발하니까 빼 주자'라는 것 이외에 달리 이유를 찾을 길이 없다. 참으로 참담한 논리가 아닐 수 없다. 그 점에서 2+1 관련 언론 보도가 나왔을 때, 문재인 정부의 청와대가 "비상식적 발상"[4]이라며 일축한 것은 지당한 일이었다.

---

[4] 〈青 "'정부·韓日기업 징용 피해자 기금' 비상식적…논의 안돼"〉, 《연합뉴스》 2019.1.26 (https://www.yna.co.kr/view/AKR2019012 6026400001?input=1195m).

1+1?

1+1은 지난 2019년 6월 19일 무렵에 한국 정부가
아베 정부에게 내놓았다가 퇴짜를 맞은 안이다. 당시
의 외교부 보도자료에 따르면 한국 정부의 안은 아래
와 같다.

> "소송당사자인 일본 기업을 포함한 한일 양국 기업이 자
> 발적 출연금으로 재원을 조성하여 확정판결 피해자들에
> 게 위자료 해당액을 지급함으로써 당사자들 간의 화해
> 가 이루어지는 것이 바람직하다는 의견"을 일본 측이
> "수용할 경우, 일본 정부가 요청한 바 있는 한일 청구권
> 협정 제3조 1항 협의 절차의 수용을 검토할 용의가 있
> 으며, 이러한 입장을 최근 일본 정부에 전달하였다."5

하지만 이 제안은, 첫째, 책임이 없는 한국 기업이
출연금을 낸다는 것을 전제로 한다는 점에서 문제가

---

5 「강제징용 판결문제 우리 정부 입장」, 2019.6.19(https://www.mo
  fa.go.kr/www/brd/m_4080/view.do?seq=369294).

있다. 둘째, 양국 기업이 "자발적" 출연금으로 재원을 조성하는 것을 내용으로 하는 안을 한국 정부가 제안한다는 것도 이상하다. 셋째, 진행 중인 관련 소송이 있고, 소송 제기가 어려운 피해자들의 문제도 있는데 "확정판결 피해자들"만을 대상으로 한 재단을 만든다는 것이 해결방안이 되기는 어렵다. 넷째, 결국 화해라는 방식으로 해결하자는 것인데, 사실 인정, 사죄, 진상 규명, 위령 등은 전혀 고려하지 않은 채 확정판결의 "위자료 해당액을 지급"하는 것만을 내용으로 한다는 점에서도 문제이다. 따라서 1+1은 설득력이 없다.

1+1/α?

1+1이 주저앉은 뒤 한편에서 1+1/α라는 안을 내놓았다. 1+1은 일본 기업과 한국 기업이고 α는 한국 정부인데, 1+1+1이라고 하지 않고 1+1/α라고 하는 이유는 책임의 근거가 다르기 때문이라는 것이다. /α의

근거는 '외국의 강점상태를 용인하여 그 불법행위로 인해 자국민이 생명을 잃고 재산을 보호받지 못한 상태를 시정하지 못한 대한민국 임시정부의 책임을 그 법통을 이어받은 대한민국이 져야 한다'라는 것이다.

앞서 살펴본 것처럼, 이 제안도 책임이 없는 한국 기업을 참여시키자는 것이니 1+1이라는 그 출발점 자체에 문제가 있다. 왜 일본 정부는 빼는가라는 문제도 있다.

/α도 심각하다. 가해자의 불법행위 책임이 문제인 사안에, 왜 뜬금없이 피해국의 자국민 보호 책임이라는 명백히 다른 범주에 속하는 별개의 책임을 섞는가? 게다가 가해국의 책임은 묻지 말자는 제안이니 문제는 더욱 심각하다. 무도한 강도의 책임은 제쳐 두고 힘이 없었던 가장에게만 책임을 지라니 가당키나 한 이야기인가?

대위변제, 구상권?

우선 한국 정부가 채무자인 일본 기업을 대신해서 채권자인 승소 원고(피해자)들에게 변제를 하고, 그다음에 일본 기업에게 상환을 요구할 수 있는 권리, 즉 구상권을 행사해서 해당 금액을 받아내자는 안도 있다.

민법 제480조 1항에 따르면, 변제를 할 정당한 이익이 없는 자도 변제를 할 수 있고, 채권자의 승낙을 얻어 채권자를 대위할 수 있다. 따라서 단순논리에 따르면, 한국 정부는 변제를 할 정당한 이익이 없는 자이지만 일본 기업을 대신해서 피해자들에게 변제를 할 수 있고, 피해자들의 승낙을 얻어 그 채권을 대신 행사할 수 있다는 것이 된다. 하지만 법치국가인 대한민국에서 정부의 모든 행위에는 법적인 근거가 있어야 한다. 일본 기업이 져야 할 손해배상 책임을 한국 정부가 대신해야 할 법적인 근거가 도대체 어디에 있는가?

또 한국 정부가 구상권을 행사하면 일본 기업이 순순히 응할 것인가? 일본 기업이 배상을 못하겠다고 버티는 것은, 그 기업의 규모에 견주어 극히 적은 액수에 불과한 배상금이 부담되기 때문이 아니다. 일본 제철은, 신일철주금이라는 상호를 사용하고 있던 2012년 6월 26일의 주주총회에서, "법률은 지키지 않으면 안 된다"라며 대법원 판결에 따르겠다는 입장을 밝히기까지 했었다.[6]

일본 기업이 배상을 거부하는 것은 일본 정부가 그렇게 하도록 종용하기 때문이다. 일본 정부는 대법원 판결이 선고된 직후인 2018년 11월 6일에 기업과 경제단체를 상대로 비공개 설명회를 열었다.[7] 그리고 11월 15일에는 주한일본대사관이 한국 진출 일본 기업을 대상으로 설명회를 열어 "1965년의 한일 「청구권협정」에 의해 완전하고 최종적으로 해결됐다는 것이 일관된 입장"이며 "앞으로도 그 입장에 근거해 대응할 것"이라면서 "민관협력을 확실히" 해 나가겠다는 입장을 밝

6 〈新日鉄住金 12年の株主総会で韓国判決の受け入れ表明〉, 《聯合ニュース》 2018.10.31(https://jp.yna.co.kr/view/AJP20181031000500882).

7 〈徴用工判決,政府が企業に説明 〈交流進めたい〉の声も〉, 《朝日新聞》 2018.11.6(https://www.asahi.com/articles/ASLC64FLGLC6ULFA00T.html).

혔다.[8] 일본제철을 포함한 일본 기업들이 한결같이 한국 법원의 판결에 저항하고 있는 것은 그러한 일본 정부의 입장에 따른 결과이다.

따라서 일본 정부의 입장이 바뀌지 않는 한 일본 기업들이 한국 정부의 구상권 행사에 응할 가능성은 없다. 응하지 않으면 소송을 해야 한다. 그래서 승소하면? 마찬가지로 일본 정부의 입장이 바뀌지 않는 한 일본 기업들이 한국 법원의 판결에 따를 가능성은 없다. 그렇다면 '구상권'이라는 주장은 애당초 공허할 수밖에 없는 것이다.

이렇게 본다면 결국 '대위변제, 구상권'이라는 주장은 일반 대중에게는 생소한 법률 용어를 동원하며 법적으로 공허한 방향을 제시하는 것, 심지어 기만적이기까지 한 방향을 제시하는 것이라고 하여야 할 것이다.

---

8 〈日, 서울 한복판서 '징용판결' 설명회…"종결된 문제" 강변(종합)〉, 《연합뉴스》 2018.11.15(https://www.yna.co.kr/view/AKR20181115076251014?section=search).

제안은 실현가능한 것이어야 한다

거듭 지적하지만, 위의 모든 제안들은, 일본 정부가 일본 정부나 일본 기업이 조금이라도 책임을 지는 방식은 배제하고 있는 것으로 보인다는 점에서, 애당초 실현가능성이 없는 것이다.

일본 정부의 반발은 일본 기업의 경제적 손실 때문이 아니다. 특별한 형식과 내용을 충족시켜야만 하는 소송을 제기할 수 있는 한국인 피해자는 소수이다. 따라서 그들에게 지급해야 할 배상금의 액수는 일본의 거대기업이 감당할 수 없는 것이 아니다.

그럼에도 불구하고 일본 정부가 나서서 무리한 통상 공격까지 감행하고 있으니 이유는 다른 곳에 있다고 볼 수밖에 없다. '평화헌법' 개정을 위한 추동력 확보, 한국의 경제성장에 대한 견제, 새로운 동북아질서 판짜기 등의 분석은 그래서 나온다.

아베의 신념

하나 더 추가할 것은 일본 정부, 특히 아베 정부는 일본의 한반도 지배가 결코 잘못한 일이 아니라는 신념을 가지고 있는 것으로 보인다는 점이다. 아베 정부는 일본군'위안부' 문제에 대한 일본 정부의 책임을 인정한 1993년의 「고노河野 담화」[9]와 식민지지배에 대한 책임을 인정한 1995년의 「무라야마 담화」를 지우기 위해 사력을 다했다.

"(일본) 정부가 발견한 자료에서는 군이나 관헌에 의한 이른바 강제연행을 직접 드러내는 기술", 다시 말해 "관헌이 집에 쳐들어가 사람을 유괴하듯이 끌어간다고 하는 그런 강제성"(이른바 '협의의 강제성')[10]을 입증하는 기술이 발견되지 않았으니, 일본군'위안부'

---

9 「慰安婦関係調査結果発表に関する河野内閣官房長官談話」, 1993.8.4 (http://www.mofa.go.jp/mofaj/area/taisen/kono.html).

10 《第166回 国会 参議院 予算委員会 会議録 第3号》, 2007.3.5, 9 면(https://kokkai.ndl.go.jp/#/detailPDF?minId=116615261X003 20070305&page=9&spkNum=72&current=1).

문제의 강제성이란 존재하지 않으며, 따라서 일본군'위안부'는 애당초 문제가 아니다라는 해괴한 논리까지 내밀었다.

2015년의 일본군'위안부' 합의 당시에는 외무대신에게 '대독사과'를 하게 하고는, 일본 국회에서 야당 의원이 '당신 입으로 직접 사과하는 것이 좋지 않겠느냐'라며 3번이나 직접사과를 요청한 데 대해서는, '내가 사과하면 불가역적 해결이라는 합의를 위반하는 것이 된다'라는 해괴한 논리로 끝내 거절했다.[11] 이듬해의 국회에서도 피해자들에게 사죄의 편지를 보낼 용의가 없느냐는 질문에 대해 "털끝만큼도 생각하지 않고 있다"[12]라고 잘라 말했다. 한국 정부에게도 '불가역적'을 내세워 일본군'위안부'는 입에도 담지 말라고 다그쳤다.

이른바 '전후 70년'인 2015년에 발표한 「아베 담

---

11 《第190回 国会 衆議院 予算委員会議録 第3号》, 2016.1.12, 17면 (https://kokkai.ndl.go.jp/#/detailPDF?minId=119005261X00320 160112&page=17&spkNum=109&current=6).

12 《第192回 国会 衆議院 予算委員会議録 第3号》, 2016.10.3, 16면 (https://kokkai.ndl.go.jp/#/detailPDF?minId=119205261X00320 161003&page=16&spkNum=134&current=2).

화」[13]에서는, 한반도 식민지지배에 대해서는 일언반구도 없이, 한반도 강점으로 나아가는 하나의 단계였던 러일전쟁에서의 일본의 승리를 "식민지지배 아래 있던 많은 아시아·아프리카 사람들에게 용기를" 준 것이라고 자랑했다. "한국"이라는 단어는 일본이 "전후 일관되게 그 평화와 번영을 위해 진력"해 준 나라의 하나로서 단 한 번 언급했다.

'역사 부정'과 '한반도 멸시'라고 밖에 달리 표현할 길이 없는 참담한 사고방식이다.

한국 정부가 해야 할 일

한국 정부는 마땅히 중요 현안인 대법원 강제동원 판결 국면을 타개하기 위해 나서야 한다. 다만 대법원

---

13 「內閣総理大臣談話」, 2015.8.14(https://warp.ndl.go.jp/info:ndljp/pid/10992693/www.kantei.go.jp/jp/97_abe/discource/20150814danwa.html).

판결이 선언한 원칙을 확고하게 지키면서 나아가야 한다. 대법원 판결이야말로 한국 정부의 공식입장을 반영한 것이고, 한국 정부 스스로 "존중"한다고 밝힌[14] 것이기도 하다.

대법원 판결은 일차적으로는 한국인 개인과 일본 기업이라는 사적 주체들 사이의 개별 분쟁에 대한 판단이다. 따라서 패소한 일본 기업이 대법원 판결에 따라 배상을 하면 일단락된다.

그런데도 미쓰비시중공업과 일본제철은, 한국 최대의 로펌을 동원해 각각 18년, 13년 넘게 고령의 '강제동원' 피해자들을 상대로 적극적으로 다투어 놓고서, 정작 판결이 선고되자 못 따르겠다고 하고 있다.

대법원 판결이 선고되었을 때 미쓰비시중공업 소송의 원고 다섯 명은 전원 사망한 상태였고, 일본제철

---

14 「강제징용 소송 관련 대국민 정부입장 발표문」, 2018.10.30(https://www.opm.go.kr/flexer/view.do?ftype=pdf&attachNo=87746). 문재인 대통령도 "정부가 사법부 판결에 관여할 수 없다. 정부는 사법부 판결을 존중해야 한다"라는 입장을 밝혔다. 「2019 문재인 대통령 신년기자회견 연설」, 2019.1.10.

소송의 원고 네 명 가운데 세 명도 사망한 상태였다. 판결 선고를 지켜본 것은 94세의 원고 한 명뿐이었다. 일본 기업들의 대법원 판결 거부는 '강제동원' 피해자들에 대한 최소한의 예의를 저버린 것일 뿐만 아니라, 대한민국의 사법권을 정면으로 부정하는 것으로서 도저히 있을 수 없는 행태이다.

　그에 대해서는 법대로 하면 된다. 채무자가 채무의 이행을 거부하고 있는 것이니 강제집행을 하면 된다. 대한민국의 사법절차인 강제집행에 대해 일본 정부도 한국 정부도 개입할 수 있는 여지는 없다.

　한국 정부가 적극적으로 해야 할 일은, 대법원 판결의 취지에 따라 '일본의 한반도에 대한 불법적인 식민지배'에 관한 문제가 해결되지 않았다고 확실하게 선언하고, 일본 정부에게 그에 대한 해결을 지속적으로 요구하는 외교적 노력을 기울여 가는 것이다. 대법원 판결이 강제동원 문제에 관해 대한민국의 외교적 보호권도 남아 있다고 한 것은 바로 이것을 의미한다.

제6장

대법원 판결이

한국 정부의 결정을 뒤집었다?

2018년 대법원 판결에 문제가 있다는 이런저런 비판이 일본에서는 물론이고 국내에서도 제기되고 있다. 그 가운데 그나마 따져볼 필요가 있다고 생각되는 비판 한 가지만 짚어두기로 한다.

그것은 대법원 판결이 2005년 '한일협정 문서공개 후속대책 관련 민관공동위원회'(이하 '공동위')의 결정[1](이하 「결정」)을 뒤집었다는 것이다. 이것은 일본 측 반발의 주요 논거 가운데 하나인데, 오히려 국내에서 더 많이 제기되고 있는 비판이기도 하다. 이른바 '보수' 언론들이 「결정」과 「결정」에 이르기까지의 논의 과정을 기록한 《〈국무총리실한일수교회담문서공개등대책기획단 활동〉 백서》[2](이하 《백서》')를 인용하면서 제기하는 비

---

1 국무조정실, 〈[보도자료] 한일회담 문서공개 후속대책 관련 민관공동위원회 개최〉, 2005.8.26.

2 국무총리실한일수교회담문서공개등대책기획단, 《〈국무총리실한일수교회담문서공개등대책기획단 활동〉 백서》, 2007.

판이 그 대표적인 예이다.

하지만 그 비판은 쟁점이나 용어에 대한 이해가 충분하지 못할 뿐만 아니라, 「결정」과 《백서》의 전체적인 맥락은 고려하지 않은 채 그 일부만을 떼어 논지를 전개하는 등 문제가 많다.

다만 「결정」과 《백서》 자체가 충분히 명확하지 못하다는 측면도 있다. 특히 《백서》에는 공동위의 기록뿐만 아니라, 그 하부 기구인 민간위원회, 분과위원회, 관계부처 차관회의 등의 기록도 담겨 있는데, 다양한 쟁점에 대한 다양한 의견들을 검토하는 내용이 포함되어 있음에도 그 기술이 매우 소략하고, 전체적으로 볼 때 용어 사용이나 분석에서 엄밀하지 못한 부분들도 포함되어 있다. 따라서 인내심을 가지고 꼼꼼히 살펴보는 작업이 필요하다.

아래에서는 우선 공동위의 최종결과물인 「결정」의 문언과 맥락을 검토하고, 그 가운데 애매한 부분에 대해서는 《백서》를 참조하는 방식으로 검토해 보기로 한다. 앞서 살펴본 조약 해석의 경우와 같은 방식이다.

「결정」은 무엇인가?

먼저 2005년 「결정」이 나오게 된 경위부터 확인해 둔다. 2000년 5월 1일 미쓰비시중공업 강제동원 피해 자들이 부산지방법원에 제기한 소송을 시작으로 국내 에서도 다수의 대일 과거청산 소송이 제기되었는데, 이들 소송에서도 일본 소송에서와 마찬가지로 「청구권 협정」이 주요 쟁점으로 부각되었다.

그래서 원고 측이 한국 정부에게 한일회담 관련 문 서의 공개를 요청했다. 하지만 그 요청은 거부되었고, 그래서 피해자들은 2002년 10월에 한국 정부를 상대 로 정보공개 거부처분 취소청구소송을 제기했다.

이에 대해 서울행정법원이 2004년 2월 13일에 원고 일부 승소 판결[3]을 선고했고, 한국 정부는 일단 항소 했으나, 2004년 10월에 노무현 대통령의 지시에 따라 관련 문서를 전면공개하기로 방침을 바꾸었다. 그 뒤 한국 정부는 2005년 1월에 대책기획단과 공동위를 구

---

3 서울행정법원 2004.2.13 선고 2002구합33943 판결.

성하여 문서 공개에 대한 대책을 세우고, 2005년 8월 26일에 한일회담 관련 문서를 전면공개했다. 「결정」은 그때 공동위의 입장으로 발표된 것이다.

요컨대, 소송을 매개로 한 피해자들의 공개 요구와 노무현 대통령의 결단이 맞물리면서, 통상 30년이 지나면 공개됨에도 40년 가까이 창고 속에 쌓여 있던 한일회담 관련 문서가 전면 공개되게 되었고, 그 과정에서 「결정」이 나오게 된 것이다.

그런데 공동위는, 21명의 구성원 가운데 국무총리가 공동위원장을 맡고, 재경부 등 6개 부처의 장관과 국가보훈처장, 국무조정실장, 청와대 민정수석이 위원으로 참여한 총리 자문기구였으며, 차관회의를 거쳐 상정된 안건에 대해 최종 의사결정을 하는 기구였다. 따라서 공동위의 「결정」은 한국 정부의 입장을 담고 있는 것이라 하여 틀림이 없다.

「결정」 – 「청구권협정」의 법적 효력 범위

「결정」은 우선 "한일 청구권협정의 법적 효력 범위 등"에 관해 아래와 같이 정리했다.

    ○ 한일 청구권협정은 기본적으로 일본의 식민지배 배상을 청구하기 위한 것이 아니었고, 샌프란시스코 조약 제4조에 근거하여 한일 양국 간 재정적·민사적 채권·채무관계를 해결하기 위한 것이었음

    ○ 일본군위안부 문제 등 일본 정부·군軍 등 국가권력이 관여한 반인도적 불법행위에 대해서는 청구권협정에 의하여 해결된 것으로 볼 수 없고, 일본 정부의 법적 책임이 남아 있음

      – 사할린 동포, 원폭 피해자 문제도 한일 청구권협정 대상에 포함되지 않음

위의 내용 가운데, 「청구권협정」이 "기본적으로 일본의 식민지배 배상을 청구하기 위한 것이 아니었고, 샌프란시스코 조약 제4조에 근거하여 한일 양국 간 재정적·민사적 채권·채무관계를 해결하기 위한 것"이라고

한 부분은 1965년 이래의 한국 정부의 입장을 다시 한 번 확인한 것이다.

특징적인 것은 "일본군위안부 문제 등 일본 정부·군軍 등 국가권력이 관여한 반인도적 불법행위에 대해서는 청구권협정에 의하여 해결된 것으로 볼 수 없고, 일본 정부의 법적 책임이 남아 있음"이라고 한 부분이다. 이것은 「청구권협정」이 식민지지배 배상을 청구하기 위한 것이 아니었다라는 대전제에서 출발할 때 논리적으로 당연히 뒤따르게 되는 명제이지만, 「결정」이전에는 명확하게 제시되지는 않은 것이었다. 즉, 이 부분은 한국 정부가 한일회담 문서 전면공개에 즈음하여 그 이전까지 명확하게 제시되지는 않았던 입장을 분명하게 정리하여 제시한 것이라고 할 수 있는 것이다.

세 가지만 남았다?

그런데 비판론자들은 「결정」의 이 부분을, '한국 정

부가 일본 정부의 법적 책임이 남아 있다고 한 반인도적 불법행위는 세 가지, 즉 일본군'위안부'문제, 사할린동포 문제, 원폭피해자 문제만이다'라고 해석한다. 따라서 '강제동원 문제는 「청구권협정」에 의해 해결되었다는 것이 한국 정부의 입장이다'라고 주장한다.

올바른 해석이 아니다. 그 세 가지만 한정적으로 열거하려고 했다면, "일본군위안부 문제 등"이라는 표현을 쓸 수 없고, 세 가지를 하나의 문장 속에 병기했어야 한다.

그 세 가지는 "국가권력이 관여한 반인도적 불법행위"의 예시라고 보아야 한다. 「결정」의 마지막 부분에서, "정부는 또한 일제 강점하 반인도적 불법행위에 대해서는 외교적 대응방안을 지속적으로 강구해 나가기로 하였음"이라고 하면서, "'해남도 학살사건' 등 일본군이 관여한 반인도적 범죄 의혹에 대해서는 진상규명을 한 뒤 정부 대응방안을 검토"라고 덧붙이고 있으니 더욱더 그렇게 해석해야 맞다. "'해남도 학살사건' 등"도 "반인도적 범죄"일 수 있다는 것이 당연히 전제되어 있기 때문이다. 참고로 《백서》에는 "'해남도 학살

사건', '731부대 생체실험' 등"이라는 기술도 나온다.[4]

사할린동포, 원폭피해자 문제는 왜 따로 규정했나

다만 예시라고 볼 경우에도, 왜 "사할린동포, 원폭피해자 문제"만 별도의 항으로 특별히 제시했는지에 대해서는 추가적인 검토가 필요하다. 이에 관해서는 《백서》 가운데 아래의 부분들이 주목된다.

> 협상 당시 논의되지 않은 원폭피해자, 사할린한인의 보상 문제 등은 청구권협정으로 해결되지 않았다는 것은 이미 일본도 인정하고 있음[5]

> 사할린 한인동포, 원폭피해자는 한국 정부가 일본 정부와 외교적 협의를 통해 피해자들에 대한 추가적 지원대

---

4 《백서》, 89면.
5 《백서》, 68면.

책을 강구6

요컨대, 공동위는 "사할린동포, 원폭피해자 문제"는 「청구권협정」으로 해결되지 않았다는 것을 "이미 일본도 인정"했고, 일본이 이미 일정한 지원을 한 상황에서 "추가적 지원대책"을 강구해야 하는 것이라는 점에서 반인도적 불법행위 중에서도 특수한 문제라고 보았던 것이다. 이것이 "사할린동포, 원폭피해자 문제"만 특별히 언급한 이유이다.

「결정」 – '강제동원'!

「결정」은 위의 원칙적 입장 표명에 이어, "한일협정 협상 당시 한국 정부가 일본 정부에 대하여 요구했던 강제동원 피해보상의 성격, 무상자금의 성격, '75년 한

6 《백서》, 89면.

국 정부 보상의 적정성 문제 등"을 별도의 항목으로 설정하여 아래와 같이 정리했다.

○ 한일협상 당시 한국 정부는 일본 정부가 강제동원의 법적 배상·보상을 인정하지 않음에 따라, "고통받은 역사적 피해사실"에 근거하여 정치적 차원에서 보상을 요구하였으며, 이러한 요구가 양국 간 무상자금산정에 반영되었다고 보아야 함

○ 청구권협정을 통하여 일본으로부터 받은 무상 3억불은 개인재산권(보험, 예금 등), 조선총독부의 대일채권 등 한국 정부가 국가로서 갖는 청구권, 강제동원 피해보상 문제 해결 성격의 자금 등이 포괄적으로 감안되어 있다고 보아야 할 것임 ……

○ 그러나 '75년 우리정부의 보상 당시 강제동원 부상자를 보상대상에서 제외하는 등 도의적 차원에서 볼 때 피해자 보상이 불충분하였다고 볼 측면이 있음

이와 같이, 「결정」에는 분명히 "강제동원"이라는 용어가 사용되어 있고, 그에 따른 "피해보상 문제 해결 성격의 자금"이 「청구권협정」에 따라 일본이 한국에 공여한 무상 3억불에 "반영되었다고", "감안되어 있다

고 보아야 할 것"이라는 내용이 포함되어 있다. '한국 정부가 강제동원 문제는 「청구권협정」에 의해 해결되었다고 인정했다'라고 읽힐 수 있는 소지가 분명히 있는 내용이다. 그래서 비판론자들은 이 부분을 가장 중요한 논거로 동원한다.

대법원 판결의 판단

우선, 그에 대한 2018년 대법원 판결의 판단은 아래와 같다.

2005년 민관공동위원회는, 청구권협정 당시 정부가 수령한 무상자금 중 상당 금액을 강제동원 피해자의 구제에 사용하여야 할 '도의적 책임'이 있었다고 하면서, 1975년 청구권보상법 등에 의한 보상이 '도의적 차원'에서 볼 때 불충분하였다고 평가하였다. 그리고 그 이후 제정된 2007년 희생자지원법 및 2010년 희생자지원법 모두 강제동원 관련 피해자에 대한 위로금과 지원금의 성격이 '인도적 차원'의 것임을 명시하였다.

위의 인용문에 등장하는 2007년과 2010년의 희생자 지원법은 「태평양전쟁 전후 국외 강제동원희생자 등 지원에 관한 법률」(2007년 법률 제8669호)과 「대일항쟁기 강제동원 피해조사 및 국외강제동원 희생자 등 지원에 관한 특별법」(2010년 법률 제10143호)이다. 이 법률들은 "피해자 보상이 불충분하였다"라는 「결정」의 판단에 따라 제정된 것이며, 이들 법률에 의해 '강제동원 희생자', '강제동원 생환자', '미수금 피해자'에게 "인도적 차원에서 위로금 등"이 지원되었다.

대법원 판결의 위의 판단에서 주목되는 것은 「결정」과 지원법은 어디까지나 '도의적 책임', '도의적 차원', '인도적 차원'에 관한 것이라고 짚고 있다는 점이다. 다시 말해 「결정」도 지원법도 강제동원 문제의 '법적 차원'에 관한 것은 아니며, '법적 차원'에 관한 판단은 대법원이 한다는 취지이다. 앞서 살펴본 것처럼, 그 '법적 책임'에 관한 대법원의 판단은 '강제동원 문제는 「청구권협정」의 적용대상이 아니다'라는 것이다.

대법원 판결을 토대로 우리의 문제에 관해 정리하면 이렇게 된다.

- 「결정」에서 "강제동원 피해보상 문제"는 무상 3억불에 반영되었고 그래서 한국 정부에게 책임이 있다고 했지만, 그것은 어디까지나 "정치적 차원"에서의 반영, "도의적 차원"에서의 책임으로서 인정한 것이며, '법적 차원'에서의 판단은 아니다.
- 개별 사건에서 강제동원과 「청구권협정」의 '법적 관계'에 관해 최종 판단을 하는 권한은 대법원이 가진다.
- 대법원은 '강제동원 문제는 「청구권협정」의 적용대상이 아니다'라는 '법적 판단'을 내렸다.
- 따라서 대법원 판결은 「결정」을 뒤집은 것이 아니다.

왜 '강제동원'인가?

위와 같이 대법원 판결의 논지만으로도 비판에 대한 반박은 가능하다. 다만 「결정」에는 추가적인 검토가 필요한 부분이 있다.

「결정」은 왜 '강제동원'이라는 용어를 사용한 것일까? '강제동원'이라는 용어는 「청구권협정」과 그 부속문서의 어디에도 나오지 않는다. 일본 측이 그 존재 자체를 부정했기 때문에 애당초 등장할 수 없는 용어이다. 앞서 살펴본 것처럼, 「대일청구요강」 제5항에는 "피징용 한국인의 미수금, 보상"이라고 되어 있다. 1970년대에 한국 정부가 청구권자금으로 보상할 당시의 관련 법률들에도 "피징용사망자"라고 되어 있다. 그럼에도 불구하고 「결정」이 굳이 '강제동원'이라는 용어를 사용한 이유는 무엇일까?

그 이유는 용어 사용의 엄밀성 부족에서 찾을 수 있다. 《백서》에는 '징용', '강제동원', '강제징용'이라는 용어가 별다른 구별 없이 호환적으로 사용되어 있다. 「결정」이 발표된 당일인 2005년 8월 26일에 개최된 제3차 공동위의 회의자료에도 "강제동원자 미수금"[7]이라는 표현이 등장한다.

---

[7] 《백서》, 41면.

결국 「결정」은 '징용', '강제동원', '강제징용' 사이의 법적인 차이에 대한 명확한 정리를 하지 않은 채 '강제동원'이라는 용어를 써 버렸다는 비판을 면하기 어렵다.

「결정」의 '강제동원'과 대법원 판결의 '강제동원'은 다르다

하지만 보다 중요한 것은 「결정」의 '강제동원'과 대법원 판결의 '강제동원'이 다르다는 점이다. 「결정」의 관련 부분을 다시 한 번 인용한다.

> 한일협상 당시 한국 정부는 일본 정부가 강제동원의 법적 배상·보상을 인정하지 않음에 따라, "고통받은 역사적 피해사실"에 근거하여 정치적 차원에서 보상을 요구하였으며, 이러한 요구가 양국 간 무상자금산정에 반영되었다고 보아야 함

즉, "일본 정부가 강제동원의 법적 배상·보상을 인정하지 않"았기 때문에 그것은 요구하지 못하고, "'고통받은 역사적 피해사실'에 근거하여 정치적 차원에서 보상을 요구"했으며, 그 요구가 "양국 간 무상자금산정에 반영되었다"라는 것이다.

이 부분의 더 구체적인 의미는 2005년 8월 26일 제3차 공동위 회의자료의 아래와 같은 기록에서 발견된다.

- 강제동원 피해보상에 대해서, 일본 정부는 강제동원이 해방 전 일본법에 의한 합법행위였으므로 한국인은 보상청구권이 없다고 주장하였고,
- 반면 한국 정부는 강제동원 자체의 불법성을 주장하는 대신 강제동원 피해자들이 고통받은 역사적 사실에 기초하여 정치적 차원에서의 피해보상을 요구하였으며, 이러한 요구가 양국 간 무상자금 산정에 반영되었다고 보아야 함
- 따라서 무상자금에 강제동원 피해보상금이 반영된 것이 정치적 요구에 따른 것이라 하더라도, 우리 정부가 일본에 다시 법적 피해보상을 요구하는 것은 신의칙상 곤란
- 그러나 피해자 개인들이 "강제동원은 일제의 불법적

인 한반도 지배 과정에서 발생한 정신적·물질적 총체적 피해"라는 법적 논거로 일본에 배상을 청구하는 것은 가능[8]

그리고 2005년 7월 22일의 제3차 차관회의와 8월 26일의 제3차 공동위 직전에 개최된 것으로 보이는 제4차 차관회의의 기록에 아래와 같은 내용들도 포함되어 있다.

- 한국은 "식민지 불법성에 근거해서 강제동원 보상을 요구한 것"이 아니다.[9]
- "한국 정부가 현시점에서 식민지 자체가 불법이라고 주장하면서 법적 차원(징용 자체의 불법성)에서 강제동원에 대한 배상을 요구하는 것은 논리적으로는 가능"하다.[10]
- 한국 국민의 "징용 자체에의 불법성에 따른 손해배상청구권이 협정에 의해 소멸되지 않았"으며,[11] 따라

---

8 《백서》, 42–43면.
9 《백서》, 89면.
10 《백서》, 81–82면.
11 《백서》, 82면.

서 "한국민이 식민지 불법성을 근거로 일본 정부에 보상을 제기하는 것은 가능"하다.[12]

《백서》에서 확인되는 위의 내용들로 보완하면 「결정」의 '강제동원'에 관한 부분의 의미는 아래와 같이 정리할 수 있다.

1) 한국은 식민지지배 불법성에 근거하여 강제동원 자체의 불법성을 주장한 것이 아니라, 고통받은 역사적 사실에 근거하여 정치적 차원에서 보상을 요구했다.
2) 한국 정부는 식민지지배의 불법성을 근거로 법적 차원에서 강제동원에 대한 배상을 요구할 수 있다.
3) 한국 국민도 식민지지배의 불법성을 근거로 배상을 요구할 수 있다.

이와 같이 「결정」의 '강제동원'은 식민지지배의 불법성을 전제로 한 것이 아니다. 2007년 및 2010년의 지원법 또한 그 연장선상에 있는 것이다. 그에 반해 대법원 판결의 '강제동원'은 식민지배의 불법성을 전제로

---

12 《백서》, 89면.

한 것이다. 따라서 대법원 판결은 「결정」을 뒤집은 것이 아닌 것이다.

신의칙상 곤란?

위에서 인용한 2005년 8월 26일 제3차 공동위 회의 자료 가운데 강제동원에 관해 "무상자금에 강제동원 피해보상금이 반영된 것이 정치적 요구에 따른 것이라 하더라도, 우리 정부가 일본에 다시 법적 피해보상을 요구하는 것은 신의칙상 곤란"이라는 부분에 대해 한마디 덧붙인다. 이 부분은 「결정」에 포함된 것이 아니므로 공동위의 최종 입장이 아니다. 하지만 국내의 비판론자들이 특별히 문제 삼는 부분이기에 짚어 두기로 한다.

'신의칙'의 사전적 의미는 "모든 사람은 사회의 일원으로서, 상대편의 신뢰에 어긋나지 아니하도록 성의 있게 행동하여야 한다는 원칙"이다. 어떤 요구를 했다가 관철되지 못한 상태에서 일단락 지은 뒤에 다시 동일한 요구를 하는 것은 분명 신의칙 위반이다. 하지만 이전에 요구한 적이 없는 사항에 대해 근거를 갖추어 요구하는 것은 신의칙 위반일 수 없다.

위의 제3차 공동위 회의자료의 문장에 따르더라도 한일회담 당시의 요구는 "정치적 요구"이고, "신의칙상 곤란"하다고 판단한 대상은 "법적 피해보상 요구"이다. 전자는 식민지지배의 불법성을 전제로 하지 않은 피해에 대한 요구이고, 후자는 식민지지배의 불법성을 전제로 한 피해에 대한 요구이다. 요구의 성격도 대상도 다르다. 그러므로 한국 정부가 법적 피해보상을 요구하는 것은 이전에 했던 요구를 "다시" 하는 것일 수 없다.

따라서 위의 문장은 비문이다. 이 점에서도 공동위의 논리적·법적 엄밀성 부족이라는 한계를 짚지 않을 수 없다.

또 한 걸음 더 나아가야 한다

노무현 정부의 한일회담 문서 전면공개, 공동위의 활동과 「결정」, 그리고 지원법의 제정과 피해자 지원은 결코 과소평가되어서는 안 된다. 1965년에 한국 정부가 했어야 함에도 하지 못한 일을 뒤늦게나마 챙긴 것이기 때문이다. 그것은 피해자들과 전 세계 시민들의 한일 과거청산을 위한 지난한 노력에 응답한 한국 정부의 조치로서 분명 한 걸음 더 나아간 것이었다.

다만 그것이 충분했는지에 대해서는 짚어 두지 않을 수 없다. 고령의 피해자들에 대한 지원이 시급한 상황이었다는 점을 고려하더라도, 한국 정부의 입장을 더 엄밀하게 정리할 수는 없었을까라는 아쉬움이 남는다.

2018년의 대법원 강제동원 판결은 그 부족했던 엄밀성을 채워 줌으로써 한일 과거청산의 법적 논리를 완성한 것이다. 그것은 2005년의 「결정」을 뒤집은 것이 아니라, 「결정」의 연장선상에서 「결정」이 남겨 둔 '법적 차원'의 판단을 추가한 것이다. 또한 그것은 1965년 당시의 한국 정부가 남겨 둔 '묵은 과제'에 대한 응답이기도 하다.

그래서 2018년 대법원 강제동원 판결이야말로 '법적 차원'에서의 대한민국의 최종입장이다. 그것을 굳건한 발판으로 삼아 한 걸음 더 나아가야 할 때이다.

제7장

그래서

무엇을 해야 하는가?

공은 일본의 코트에 있다

일본 정부는 대법원 판결에 반발하여 2019년 7월 4일에 한일 간의 신뢰관계가 현저하게 손상되었다는 이유로 반도체 관련 3개 품목에 대한 제1차 통상공격을 감행했고, 다시 8월 28일에는 안전보장상의 중대한 이익의 보호를 위해 필요한 조치라는 이유로 한국을 '화이트리스트'에서 배제하는 제2차 통상공격을 감행했다. 제1차 공격 때 '신뢰관계 훼손'을 내세운 것은 정치·외교의 문제를 통상 문제와 부당하게 결부시키는 것으로서 명백하게 세계무역기구(WTO) 「관세 및 무역에 관한 일반협정」 등 국제통상규범을 위반한 것이고, 제2차 공격 때 내세운 '안전보장상의 중대한 이익'도 설득력 있는 근거를 제시하지 못했으니 이 또한 국제법 위반이다. 그럼에도 불구하고 일본 정부는 여전히 공격을 철회하지 않고 있다. 게다가 2019년 1월 9일 이후 대법원 판결에 따라 일본 기업의 한국 자산에 대한 강제집행 절차가 진행되고 있는 데 대해 '현금화가 되면 큰일을 내겠다'라고 거듭 으르대고 있다.

하지만 공은 일본의 코트에 있다. 2018년 대법원 판결은 국제법의 원칙에 따라 「청구권협정」을 해석한 것이다. 그 근거는 충분히 설득력이 있으며, 결론 또한 타당하다. 따라서 일본 정부의 반발은 잘못이다. 적어도 아무런 근거도 제시하지 않으면서 '국제법 위반', 「청구권협정」 위반'이라고 비난하는 것, 구체적인 내용은 제시하지 않으면서 '적절한 조치'를 취하라고 으르대는 것은 대등한 주권국가 사이에서 도저히 용납될 수 없는 무례한 작태일 뿐이다.

일본 정부의 심중에 자리잡고 있는 것은 결국 '불법강점'의 부정, '합법지배'의 강변이다. 그래서 일본 정부가 당사자도 아닌 사건의 판결에 대해서조차 '설명회'라는 명목 아래 일본 기업들로 하여금 따르지 말라고 종용을 하고 있는 것이다.

돌이켜 보면, 아베 정부 이전까지는 한일 양국이 서로 접근했었다. 1995년 8월 15일의 「무라야마 담화」에서는 "식민지지배와 침략에 의해, 많은 나라들, 특히 아시아 국가들의 사람들에 대해 커다란 손해와 고통을 주었습니다. …… 의심할 여지가 없는 이 역사적 사실을 겸허하게 받아들여, 이에 다시금 통절한 반성의 뜻을 표하고 마음으로부터의 사죄를 표명합니다"라고 밝혔다. 2010년 8월 10일의 「간菅 담화」[1]에서는 "3.1독립운동 등의 격렬한 저항에서도 나타난 것처럼, 당시의 한국인들은 정치적·군사적 배경 아래 그 뜻에 반해 이루어진 식민지지배에 의해 나라와 문화를 빼앗기고 민족의 긍지에 깊은 손상을 입었습니다. 식민지지배가 초래한 커다란 손해와 고통에 대해, 여기에서 다시금 통절한 반성과 마음으로부터의 사죄를 표명합니다"라고 밝혔다. 그런데 아베 정부 이후의 일본 정부가 그것을 뒤집으려 하고 있는 것이다. 이것이야말로 현재의 갈등의 주요 원인이다.

지금이라도 일본 정부는 한일 간의 진정한 우호를

---

1 「内閣総理大臣談話」, 2010.8.10 (https://www.kantei.go.jp/jp/kan/statement/201008/10danwa.html).

위해 식민지지배 책임을 적극적으로 인정하고 일본 기업들에 대한 압력을 거두어들이는 것이 옳다.

대법원 판결은 집행되어야 한다

일본 정부의 통상공격에 대해 문재인 정부는 2019년 8월 22일에 「대한민국 정부와 일본국 정부 간의 군사비밀정보의 보호에 관한 협정」(GSOMIA)의 종료를 결정하고, 9월 11일에 일본을 세계무역기구(WTO)에 제소하고, 9월 18일에 일본을 백색국가(수출절차 우대국)에서 제외하는 조치를 취했다. 안보 협력이 신뢰에 기반한 것이어야 한다는 점에서, 부당한 통상공격은 국제법 위반이라는 점에서 적절한 대응이었다고 할 수 있다. 그럼에도 한국 사회의 일각에서 '일본과의 통상과 안보협력이 중요하니 대법원 판결에 대한 일본의 반발을 무마하기 위해 무언가 해야 한다'라는 주장이 끊임없이 이어지고 있다. 하지만 서로 다른 것을 뒤섞어서는 안 된다. 과거청산은 통상·안보와 분리해서 접근해야 한다.

위의 제5장에서 살펴본 것처럼, 2018년 10월 30일 이후의 대법원 강제동원 판결들은 일차적으로는 한국인 개인과 일본 기업이라는 사적 주체들 사이의 개별 분쟁에 대한 판단이다. 따라서 패소한 일본 기업이 대법원 판결에 따라 배상을 하면 일단락된다.

일본 기업들은 한국 최대의 로펌을 동원해 10년이 훨씬 넘게 법정에서 열심히 다투었다. 그런데도 정작 판결이 선고되자 못 따르겠다고 한다. 그들의 상대는 고령의 '강제동원' 피해자들이다. 판결이 선고되었을 때 그 대부분은 이미 사망한 상태였다. 일본 기업들의 판결 거부는 대한민국의 사법권을 정면으로 부정하는 것일 뿐만 아니라, 고령의 '강제동원' 피해자들에 대한 최소한의 예의조차 저버린 것으로서, 도저히 있을 수 없는 일이다.

거듭 지적하지만 일본 정부는 대법원 판결의 집행에 대한 부당한 간섭을 거두어야 한다. 일본 기업들에게 배상을 하지 말라고 지시하는 것은 대한민국의 주권을 침해하는 일이다. 1992년 3월 9일의 일본 중의원 예산위원회 회의에서 일본 정부는 한국인 피해자들의 "손해배상청구에 관해 어떤 취급이 이루어질 것인가에 관해서는 재판소의 판단을 기다리고 있다"[2]라고 했다. 청구권의 실현 여부는 재판소의 판단에 맡겨서 결정할 문제라는 입장을 밝힌 것이다. 대법원 판결은 바로 그 "재판소의 판단"에 해당하는 것이다. '일본 재판소의 판결만 따른다는 의미였다'라고 할 것인가? 자국중심주의의 오만일 뿐이다.

한편 제5장에서 살펴본 것처럼, 국내에서는 해결책이라며 2+2, 2+1, 1+1, 1+1/α, 대위변제·구상권 등 각종 '해법'들이 쏟아졌다. 대법원 판결의 결론은 '강제동원 문제는 1965년 「청구권협정」의 대상이 아니다'라는 것이다. 강제동원 문제에 관한 한 한국 정부는 책임이 없고, 무상 3억불로부터 지원을 받은 한국 기업들도 책임이 없다는 의미이다. 따라서 그 모든 '해

---

2 《第123回 国会 衆議院 予·算委員会議録 第15号》, 1992.3.9, 11면 (https://kokkai.ndl.go.jp/#/detailPDF?minId=112305261X01519 920309&page=11&spkNum=60&current=1).

법'은 책임이 없는 한국 정부와 한국 기업이 나서라는 것이라는 점에서 대법원 판결을 거스르는 잘못된 처방인 것이다.

무엇보다 심각한 것은, 일본 정부의 반발이 '불법강점' 부정, '합법지배' 강변에 기인하는 것임을 고려할 때, 혹시라도 대법원 판결을 거스르는 조치를 한국 정부가 취하는 경우, 그것은 곧 '합법지배' 강변에 동조하는 결과가 된다는 점이다. 이것은 대법원 판결의 부정을 넘어서 〈대한민국 헌법〉의 부정으로 이어질 수 있는 심각한 사태가 아닐 수 없다.

서로 다른 것을 어설프게 뒤섞어서는 안 된다. 어설픈 봉합은 문제를 해결해 주지 못할 뿐만 아니라, 오히려 문제의 해결을 더 어렵게 만든다. '위로금' 10억 엔을 받는 대신 반인도적 범죄행위의 '최종적 불가역적 해결'에 동의해 준 2015년 일본군 '위안부' 합의의 잘못3을 또다시 반복해서는 안 된다. 법과 역사에 무

---

3 김창록·양현아·이나영·조시현, 《2015 '위안부' 합의 이대로는 안 된다》, 경인문화사, 2016 참조.

지한 박근혜 정부의 그 잘못된 합의 때문에 치러야 했던 비용이 얼마나 컸던지를 되새길 일이다.

　대법원 판결 사건의 현 상태는 확정판결에도 불구하고 채무자가 채무 이행을 못하겠다고 버티고 있는 것이다. 그렇다면 강제집행을 할 수밖에 없다. 그것이 법이다. 다만 화해를 통한 해결의 길을 처음부터 닫을 필요는 없다. 일본 기업이 나서서 화해를 제안하고, 화해의 조건에 사건 원고들이 합의한다면 화해를 통해 해결하는 것이 불가능하지는 않다.

　하지만 원고 승소 확정판결이 선고된 이후인 지금의 시점에서의 화해는 단순히 금전적 해결에 그치는 것이 아니라 +α를 담는 것이어야만 한다. +α는 불법행위 사실에 대한 명확한 인정, 명확한 사죄와 배상금 지급, 추가적인 진상규명에 대한 약속, 사망한 피해자들에 대한 지속적인 위령 등이다. 나아가 같은 기업에 의해 강제동원 피해를 당했음에도 불구하고 소송을 제기하지 않은 피해자들도 포함하는 화해를 하는 것이 바람직하다. 그것이야말로 가해자와 피해자 사이의 진정한 문제 해결이 될 것이기 때문이다.

강제동원 피해자 '지원'은 별개의 과제이다

소송이라는 방식을 동원할 수 없는 강제동원 피해자들의 문제를 해결해야 한다는 목소리도 있다. 일제강점하강제동원피해진상규명위원회로부터 피해자로 인정받은 인원은 21만여 명이지만,[4] 현재까지 소송을 제기한 인원은 피해자를 기준으로 할 때 300-400명 정도라고 일컬어진다. 소송을 제기하기 위해서는 피해를 입증할 엄격한 증거가 필요한데, 오랜 세월이 지난 피해에 대해 그러한 요건을 갖추기가 쉽지 않기 때문이다. 유감스럽게도 그런 피해자들이 일본 정부나 기업의 불법행위 책임을 물을 수 있는 방법은 한국 정부의 외교적 노력을 통한 해결 이외에는 없다. 어쩔 수 없는 법의 한계이다.

그런데 한편에서 그러한 피해자들을 위해 한국 정부가 적극적으로 책임을 져야 한다는 목소리도 들린다.

---

4 대일항쟁기 강제동원 피해조사 및 국외강제동원 희생자 등 지원
   위원회, 《위원회 활동 결과보고서》, 2016, 182면.

국가의 보호의무를 다하지 못했다거나 「청구권협정」으로 해결된 부분에 대한 책임 이행이 미흡하다는 것이 그 이유이다.

한국 정부가 아무것도 하지 않은 것은 아니다. 「청구권협정」에 의해 해결된 부분에 대해서는 1970년대에 '피징용사망자'에 한해서이기는 하지만 일정한 보상을 했고,[5] 2007년 및 2010년 지원법을 통해 전면적인 '인도적 지원'을 했다. 다만 기존의 '지원'에 미흡한 점이 있다면 추가 '지원'을 하는 것이 마땅하다. 피해자 판정 절차를 지속적으로 유지해야 한다거나, 생존 피해자에 대한 지원을 더 많이 해야 한다거나, 유골 봉환을 지속적으로 챙겨야 한다는 지적에 대해, 국민적 합의에 따라 기존의 법률을 개정하거나 새로운 법률을 제정해서 대처하는 것을 검토해 볼 필요가 있다.

다만 이것은 어디까지나 한국 정부가 져야 할 책임의 범위 내에서의 과제이다. "한반도에 대한 불법적인

5 1966년 2월 19일 제정 「청구권자금의 운용 및 관리에 관한 법률」; 1971년 1월 19일 제정 「대일민간청구권 신고에 관한 법률」; 1974년 12월 21일 제정 「대일민간청구권 보상에 관한 법률」 참조.

식민지배 및 침략전쟁의 수행과 직결된 반인도적인 불법행위"인 강제동원에 대한 일본 정부와 기업의 법적 책임과 뒤섞어서는 안 된다. 한국 정부와 기업이 만든 재단을 '마중물' 삼아 일본 정부와 기업도 참여할 수 있도록 하자는 주장은 서로 다른 책임을 뒤섞는 것이기에 명백히 잘못된 것이다.

과거청산 일반은 장기과제로서 대처해야 한다

대법원 판결은 강제동원 피해자의 권리를 확인한 것인 동시에, '식민지지배 책임'[6]이 해결해야 할 과제라고 선언한 것이기도 하다. 따라서 한국 정부는 대법원 판결의 취지에 따라 일본의 식민지지배 책임이 해결되

---

6 더 정확하게는 '불법강점 책임'이다. 그리고 엄밀하게 따지면 불법강점과 식민지지배는 구별된다. 전자가 후자보다 좁은 개념이다. 다만 여기에서는 식민지지배 일반과의 연계성을 고려해야 할 필요에서 양자를 호환가능한 개념으로 상정한다.

지 않았다고 명시적으로 선언하고, 그 해결을 위해 지속적인 노력을 기울여 가야 한다.

'식민지지배 책임.' 커다란 과제이다. 단기간에 해결되기 어려운 과제이다. 상대가 전면 부정하는 상황에서는 결국 장기과제가 될 수밖에 없다. 당장 해결할 수 없는 과제는 묵혀 두는 지혜가 필요하다.

다만 긴 호흡으로 차근차근 챙기면서 나아가야 한다. 가해자인 일본이 피해자인 한국에게 무릎 꿇으라고 눈을 부라리는 본말전도의 암울한 풍경이 펼쳐지게 된 일차적인 원인은 말할 것도 없이 적반하장격으로 우겨 대는 일본에 있다. 하지만 한국이 지속적이고 체계적인 대응과 추궁을 하지 못한 것이 빌미가 되었다는 사실 또한 직시하지 않으면 안 된다.

한국 정부는 충분한 자료와 명확한 논리를 갖추고 있었는가? 한국의 관련 기관들은 체계적인 자료 수집과 정리, 분석과 연구를 해 왔는가? 혹은 애당초 그렇게 할 시스템을 갖추고 있었는가? 한국은 그 국격에 어울리는 '법'에 대한 감수성을 길러 왔는가?

지금이라도 챙겨야 한다. 한일 과거청산은 지속적인

과제일 수밖에 없다. 당장의 현안과 관련해서, 머지않은 북일수교 과정에서, 그리고 장차 다가올 한반도 통일 과정에서 거듭 부각될 수밖에 없는 과제이다.

자료를 더 많이 쌓아야 한다. 이미 공개되어 있는 자료들을 체계적으로 수집·정리·분석해야 하는 것은 물론이고, 일본 정부에 대해 근거 없이 억지만 부리지 말고 가지고 있는 자료를 모두 공개하라고 요구해야 한다. 논리를 더 꼼꼼하게 다듬어야 한다. 현실 세계에서 국가 간의 관계는 결국 힘에 의해 좌우되지만, 그 힘은 물리력만은 아니며 논리 또한 힘의 중요 요소이다. 과제를 찬찬히 풀어 나가는 역량을 펼쳐야 한다. 더 이상 '가난하고 힘없는 나라이니 배려해 달라'라고 읍소하는 것이 대한민국의 외교일 수는 없다. 당당하게 권리를 주장하고 책임 있게 의무를 이행함으로써 진정한 주권국가로 우뚝 서야 한다.

대법원 판결 국면 초기부터 '컨트롤 타워가 없다'라는 지적이 이어졌다는 사실을 다시금 되새겨야 한다. 정부는 물론이지만, 관련 기관들이 주어진 역할을 다했는지 전면적으로 점검해야 한다. 기능조정은 물론이고, 필요하다면 통폐합이나 새로운 기관의 설립을 적극 검토해야 할 터이다.

일본 시민들에게 새로운 연대를 호소한다

한일 간에 식민지지배 책임 문제가 미해결인 상태로 남아 있다고 선언한 대법원 판결은 어느 날 갑자기 하늘에서 떨어진 것이 아니다. 그 문제는 1965년에 한일 양국 정부가 해결하지 않은 채 봉인했던 것이다. 1990년대 초부터 한국인 피해자들이 일본에서, 미국에서, 한국에서 30년 가까운 세월 동안 소송을 통해 다투면서 그것을 끄집어냈다. 소송이 거듭되면서 식민지지배 책임이 문제의 핵심이라는 사실이 점점 더 선명해졌다. 관련 국제인권법도 현저하게 발전했다. 그런 가운데 권위주의 시대의 국가폭력에 대한 국내의 과거청산 소송 과정에서 개인의 권리와 국가의 책임에 대한 감수성을 키운 한국의 법원이 식민지지배 책임을 미해결의 과제로 확인했다. 그래서 우리가 지금 여기에 있는 것이다.

역사에 터 잡아 정의를 지향하고 법을 통해 새로운 역사를 만든 그 지난한 과정의 맨 앞에 반인도적 불법 행위의 피해자들이 서 있었다는 사실을 기억해야 한다. 광복 이후에도 여전히 '약자'였던 그들이 노구를 이끌고 20년 이상이나 소송을 진행하며 심각한 인권 침해에 대한 구제를 요구하지 않았다면 대법원 판결은 빛을 볼 수 없었다.

또 그 피해자들 곁에 헌신적인 지원을 아끼지 않은 한국과 일본 그리고 전 세계의 시민들이 있었다는 사실도 기억해야 한다. 미국 소송과 한국 소송은 일본 소송이 없었다면 불가능했으며, 일본 소송은 연구자들과 법률가들을 포함한 일본 시민들의 헌신적인 노력이 없었으면 불가능했다.

일본 시민들은 거리에 나서서 "NO 아베"를 외치며 "삼권분립이 있고 사법부가 하는 말은 행정부가 말을 하면 안 되는데 일본의 행정부가 지나치다"라고 명쾌하게 지적했다. 한국의 이른바 '보수' 언론들이 근거도 논리도 옳게 제시하지 않은 채 연일 '문재인 정부가 문제다', '대법원 판결이 문제다', '한국 정부가 해결해라'라고 목소리를 높인 것과 너무나 선명하게 대비된다. 그 대비가 너무 참담하여 황망한 마음을 어디다 두어야 할지 모를 지경이다.

다만 대법원 판결이 새로운 한일 연대라는 방향을 가리키고 있다는 사실을 주목해야 한다. 일본에서는 오랫동안 한국인 피해자들이 제기한 문제를 '전후보상 문제'라고 불러왔다. 물론 모두가 그런 것은 아니지만, 대체로 일본 시민들은 그것을 제2차 세계대전에 따른 피해의 문제로서 자리매김해 왔다. 하지만 대법원 판결은 그것을 훨씬 뛰어넘는 의미를 가진다. 문제의 핵심이 '전쟁피해'가 아니라 '식민지지배 책임'이라고 선언한 것이기 때문이다. 대법원 판결은 일본 시민들이 과제로 삼은 '전쟁피해'와 '전후보상'에 머무는 것이 아니라, 그것을 넘어 '식민지지배 책임'을 묻는 것이다. 대법원 판결은 개인의 권리에 관한 것인 동시에 국가 등의 '식민지지배 책임'에 관한 것이다.

한국인 피해자들이 '다시는 우리와 같은 아픔을 겪

는 이들이 없게 해달라'라고 호소할 때, 그들의 아픔은
전쟁으로 말미암은 것이기도 하지만, 그 이전에 식민
지 인민이었기에 겪어야 했던 특별한 아픔이었다. 그
들의 호소에 응답하기 위해서는 전쟁이 없는 세상도
만들어야 하지만, 동시에 서로를 존중하는 대등한 관
계 속에서 함께 인권과 평화를 지향하는 동아시아 그
리고 전 세계를 만들어야 한다. 일본의 시민들에게 지
금부터 그 길을 함께 가자고 호소한다.

방향으로서의 식민지지배 책임 추궁

'식민지지배 책임', 1965년의 「기본조약」에서 관철하
지 못했고 「청구권협정」에서 해결하지 못한 과제이다.
대법원 판결은 그것이 과제다라고 다시 한 번 명확하
게 선언한 것에 다름 아니다. 당연히 '1965년 체제'로
는 대응할 수 없는 과제이다. 따라서 이제 한일관계의
새로운 법적 틀을 만들지 않으면 안 된다.

일본 정부는 식민지지배 책임이라는 과제 자체를 부정하며, '1965년 체제'라는 낡고 헤진 그물로 어떻게든 가려 보려 하고 있다. 일본 정부의 헌법개정 추진은 그래서 한반도로부터도 주목된다. 「일본국헌법」 제9조는 일본이 더 이상 침략의 역사를 반복하지 않겠다는 다짐이다. 식민지지배 책임을 부정하는 것은 그 다짐의 진정성을 심각하게 의심하지 않을 수 없게 하는 일이다. 그래서 「일본국헌법」 제9조의 무력화는 일본의 또 다른 침략의 가능성을 의미한다. 일본의 '보통국가화'는 식민지지배 책임의 명확한 인정과 이행이 전제되지 않는 한 허용되어서는 안 되는 것이다.[7]

다만 식민지지배 책임의 추궁은 새로운 현상이다. 식민지지배 책임이 처음으로 국제적인 차원에서 다루어진 것은, 식민지지배가 종식된 뒤 한참이 지난 2001년 8월 31부터 9월 7일에 걸쳐 남아프리카공화국 더반(Durban)에서 개최된 '인종주의, 인종차별, 배외주의

---

[7] 이에 관해서는 김창록, 〈《일본국헌법》의 역사에 대한 법사상사적 고찰〉, 《법사학연구》 17, 1996; 〈2000년대 일본의 개헌 논의〉, 《법사학연구》 37, 2008 참조.

및 그에 관련되는 불관용에 반대하는 세계회의'에 이르러서였다.[8] 하지만 과거의 식민지 지배국들이 여전히 국제질서에 중대한 영향을 미치고 있음에도 불구하고 식민지지배 책임이 전 세계적인 과제로서 '마침내' 다루어지게 되었다는 점에서, 그것은 분명 '새로운 흐름'의 시작이었다. 대법원 판결은 식민지지배 책임이라는 과제를 앞장서 확인한 것이며, 한국과 일본의 시민들에게 그 해결을 위해 나서라고 촉구하는 것이다.

대법원 판결은 한국과 일본의 시민들이 앞으로 어떤 방향으로 함께 나아갈 것인지를 묻고 있다. 한일 양국의 시민들은, '그들'과 같이 식민지지배 책임과 그 지배로 인한 심각한 인권침해 피해자들의 권리 구제를 부정하는 방향으로 나아갈 것인가, 아니면 서로를 존중하는 대등한 관계 속에서 함께 인권과 평화를 지향하는 방향으로 나아갈 것인가? 냉전체제의 붕괴 이후 새

---

8 "World Conference Against Racism, Racial Discrimination, Xeno phobia and Related Intolerance 31 August–7 September 2001, Durban"(https://www.un.org/en/conferences/racism/durban2001) 참조.

로운 질서로 나아가는 과정에서 전 세계가 요동치고 있는 한가운데에서, 대법원 판결은 지향해야 할 미래는 과연 무엇인가라는 질문 앞에 '우리'를 세웠다. 이것은 '한일 간의 문제'가 아니라 '한일 모두의 문제'이다.

한편 한국에도 식민지지배 책임을 물은 나라가 어디에 있느냐고 목소리를 높이는 사람들이 있다. 한 걸음 더 나아가 식민지 때가 더 좋았다거나 식민지지배 덕을 봤다거나 일본에게 물을 책임이 없다고 강변하는 사람들조차 있다. 그들에게 묻는다. 한국인 피해자들이 지난한 사투 끝에 확인한 '식민지지배 책임'의 추궁이 전 세계적인 흐름이 되어 가고 있는 상황에서 대한민국이 앞장서서 묻는 것이 도대체 왜 문제라는 것인가? 식민지의 상흔은 여전히 깊다. 식민지인의 사고방식이 매일 같이, 그것도 당당하게 머리를 치켜들고 있다. '식민지지배 책임'은 일본에 대해서만이 아니라 국내에서도 심각하게 추궁해야 할 과제인 셈이다.

〔자 료〕

〔자료 1〕「대한민국과 일본국 간의 재산 및 청구권에 관한 문제의 해결과 경제협력에 관한 협정」(조약 172호, 1965.6.22. 체결, 1965.12.18. 발효)

「대한민국과 일본국 간의 재산 및 청구권에 관한 문제의 해결과 경제협력에 관한 협정」	「財産及び請求権に関する問題の解決並びに経済協力に関する日本国と大韓民国との間の協定」
대한민국과 일본국은, 양국 및 양국 국민의 재산과 양국 및 양국 국민 간의 청구권에 관한 문제를 해결할 것을 희망하고, 양국 간의 경제협력을 증진할 것을 희망하여, 다음과 같이 합의하였다. 제1조 1. 일본국은 대한민국에 대하여	日本国及び大韓民国は、 両国及びその国民の財産並びに両国及びその国民の間の請求権に関する問題を解決することを希望し、 両国間の経済協力を増進することを希望して、 次のとおり協定した。 第一条 1. 日本国は、大韓民国に対し、

(a) 현재에 있어서 1천 8십억 일본 원(108,000,000,000원)으로 환산되는 3억 아메리카합중국 불($ 300,000,000)과 동등한 일본 원의 가치를 가지는 일본국의 생산물 및 일본인의 용역을 본 협정의 효력 발생일로부터 10년 기간에 걸쳐 무상으로 제공한다. 매년의 생산물 및 용역의 제공은 현재에 있어서 1백 8억 일본 원(10,800,000,000원)으로 환산되는 3천만 아메리카합중국 불($ 30,000,000)과 동등한 일본 원의 액수를 한도로 하고 매년의 제공이 본 액수에 미달되었을 때에는 그 잔액은 차년 이후의 제공액에 가산된다. 단, 매년의 제공 한도액은 양 체약국 정부의 합의에 의하여 증액될 수 있다.

(b) 현재에 있어서 7백 20억 일본 원(72,000,000,000원)으로 환산되는 2억 아메리카합중국 불($ 200,000,000)과 동등한 일본원의 액수에 달하기까지의 장기 저리의 차관으로서, 대한민국 정

（ａ）現在において千八十億円（一〇八、〇〇〇、〇〇〇、〇〇〇円）に換算される三億合衆国ドル（三〇〇、〇〇〇、〇〇〇ドル）に等しい円の価値を有する日本国の生産物及び日本人の役務を、この協定の効力発生の日から十年の期間にわたつて無償で供与するものとする。各年における生産物及び役務の供与は、現在において百八億円（一〇、八〇〇、〇〇〇、〇〇〇円）に換算される三千万合衆国ドル（三〇、〇〇〇、〇〇〇ドル）に等しい円の額を限度とし、各年における供与がこの額に達しなかつたときは、その残額は、次年以降の供与額に加算されるものとする。ただし、各年の供与の限度額は、両締約国政府の合意により増額されることができる。

（ｂ）現在において七百二十億円（七二、〇〇〇、〇〇〇、〇〇〇円）に換算される二億合衆国ドル（二〇〇、〇〇〇、〇〇〇ドル）に等しい円の額に達するまでの長期低利の貸付けで、大韓民国政府が要請し、かつ、３の規定に基づ

부가 요청하고 또한 3의 규정에 근거하여 체결될 약정에 의하여 결정되는 사업의 실시에 필요한 일본국의 생산물 및 일본인의 용역을 대한민국이 조달하는 데 있어 충당될 차관을 본 협정의 효력 발생일로부터 10년 기간에 걸쳐 행한다. 본 차관은 일본국의 해외경제협력기금에 의하여 행하여지는 것으로 하고, 일본국 정부는 동 기금이 본 차관을 매년 균등하게 이행할 수 있는 데 필요한 자금을 확보할 수 있도록 필요한 조치를 취한다.

전기 제공 및 차관은 대한민국의 경제 발전에 유익한 것이 아니면 아니된다.

2. 양 체약국 정부는 본조의 규정의 실시에 관한 사항에 대하여 권고를 행할 권한을 가지는 양 정부 간의 협의 기관으로서 양 정부의 대표자로 구성될 합동위원회를 설치한다.

3. 양 체약국 정부는 본조의 규정의 실시를 위하여 필요한 약정을 체결한다.

いて締結される取極に従つて決定される事業の実施に必要な日本国の生産物及び日本人の役務の大韓民国による調達に充てられるものをこの協定の効力発生の日から十年の期間にわたつて行なうものとする。この貸付けは、日本国の海外経済協力基金により行なわれるものとし、日本国政府は、同基金がこの貸付けを各年において均等に行ないうるために必要とする資金を確保することができるように、必要な措置を執るものとする。

前記の供与及び貸付けは、大韓民国の経済の発展に役立つものでなければならない。

2. 両締約国政府は、この条の規定の実施に関する事項について勧告を行なう権限を有する両政府間の協議機関として、両政府の代表者で構成される合同委員会を設置する。

3. 両締約国政府は、この条の規定の実施のため、必要な取極を締結するものとする。

제2조

1. 양 체약국은 양 체약국 및 그 국민(법인을 포함함)의 재산, 권리 및 이익과 양 체약국 및 그 국민간의 청구권에 관한 문제가 1951년 9월 8일에 샌프런시스코우시에서 서명된 일본국과의 평화조약 제4조 (a)에 규정된 것을 포함하여 완전히 그리고 최종적으로 해결된 것이 된다는 것을 확인한다.

2. 본조의 규정은 다음의 것(본 협정의 서명일까지 각기 체약국이 취한 특별조치의 대상이 된 것을 제외한다)에 영향을 미치는 것이 아니다.

(a) 일방 체약국의 국민으로서 1947년 8월 15일부터 본 협정의 서명일까지 사이에 타방 체약국에 거주한 일이 있는 사람의 재산, 권리 및 이익

(b) 일방 체약국 및 그 국민의 재산, 권리 및 이익으로서 1945년 8월 15일 이후에 있어서의 통상의 접촉의 과정에 있어 취득되었고 또는 타방 체약국의 관할하에 들어오게 된 것

第二条

1. 両締約国は、両締約国及びその国民(法人を含む。)の財産、権利及び利益並びに両締約国及びその国民の間の請求権に関する問題が、千九百五十一年九月八日にサン・フランシスコ市で署名された日本国との平和条約第四条(ａ)に規定されたものを含めて、完全かつ最終的に解決されたこととなることを確認する。

2. この条の規定は、次のもの(この協定の署名の日までにそれぞれの締約国が執つた特別の措置の対象となつたものを除く。)に影響を及ぼすものではない。

(ａ)一方の締約国の国民で千九百四十七年八月十五日からこの協定の署名の日までの間に他方の締約国に居住したことがあるものの財産、権利及び利益

(ｂ)一方の締約国及びその国民の財産、権利及び利益であつて千九百四十五年八月十五日以後における通常の接触の過程において取得され又は他方の締約国の管轄の下にはいつたもの

3. 2의 규정에 따르는 것을 조건으로 하여 일방 체약국 및 그 국민의 재산, 권리 및 이익으로서 본 협정의 서명일에 타방 체약국의 관할하에 있는 것에 대한 조치와 일방 체약국 및 그 국민의 타방 체약국 및 그 국민에 대한 모든 청구권으로서 동일자 이전에 발생한 사유에 기인하는 것에 관하여는 어떠한 주장도 할 수 없는 것으로 한다.

제3조

1. 본 협정의 해석 및 실시에 관한 양 체약국 간의 분쟁은 우선 외교상의 경로를 통하여 해결한다.

2. 1의 규정에 의하여 해결할 수 없었던 분쟁은 어느 일방 체약국의 정부가 타방 체약국의 정부로부터 분쟁의 중재를 요청하는 공한을 접수한 날로부터 30일의 기간 내에 각 체약국 정부가 임명하는 1인의 중재위원과 이와 같이 선정된 2인의 중재위원이 당해 기간 후의 30일의 기간 내에 합의하는

3. 2の規定に従うことを条件として、一方の締約国及びその国民の財産、権利及び利益であつてこの協定の署名の日に他方の締約国の管轄の下にあるものに対する措置並びに一方の締約国及びその国民の他方の締約国及びその国民に対するすべての請求権であつて同日以前に生じた事由に基づくものに関しては、いかなる主張もすることができないものとする。

第三条

1. この協定の解釈及び実施に関する両締約国の紛争は、まず、外交上の経路を通じて解決するものとする。

2. 1の規定により解決することができなかつた紛争は、いずれか一方の締約国の政府が他方の締約国の政府から紛争の仲裁を要請する公文を受領した日から三十日の期間内に各締約国政府が任命する各一人の仲裁委員と、こうして選定された二人の仲裁委員が当該期間の後の三十日の期間内に合意する第三の仲裁委員又は当該期間内にその二人の仲裁委員が合意

제3의 중재위원 또는 당해 기간 내에 이들 2인의 중재위원이 합의하는 제3국의 정부가 지명하는 제3의 중재위원과의 3인의 중재위원으로 구성되는 중재위원회에 결정을 위하여 회부한다.

단, 제3의 중재위원은 양 체약국 중의 어느 편의 국민이어서는 아니된다.

3. 어느 일방 체약국의 정부가 당해 기간 내에 중재위원을 임명하지 아니하였을 때, 또는 제3의 중재위원 또는 제3국에 대하여 당해 기간 내에 합의하지 못하였을 때에는 중재위원회는 양 체약국 정부가 각각 30일의 기간 내에 선정하는 국가의 정부가 지명하는 각 1인의 중재위원과 이들 정부가 협의에 의하여 결정하는 제3국의 정부가 지명하는 제3의 중재위원으로 구성한다.

4. 양 체약국 정부는 본조의 규정에 의거한 중재위원회의 결정에 복한다.

する第三国の政府が指名する第三の仲裁委員との三人の仲裁委員からなる仲裁委員会に決定のため付託するものとする。

ただし、第三の仲裁委員は、両締約国のうちいずれかの国民であつてはならない。

3. いずれか一方の締約国の政府が当該期間内に仲裁委員を任命しなかつたとき、又は第三の仲裁委員若しくは第三国について当該期間内に合意されなかつたときは、仲裁委員会は、両締約国政府のそれぞれが三十日の期間内に選定する国の政府が指名する各一人の仲裁委員とそれらの政府が協議により決定する第三国の政府が指名する第三の仲裁委員をもつて構成されるものとする。

4. 両締約国政府は、この条の規定に基づく仲裁委員会の決定に服するものとする。

제4조

본 협정은 비준되어야 한다. 비준서는 가능한 한 조속히 서울에서 교환한다. 본 협정은 비준서가 교환된 날로부터 효력을 발생한다.

이상의 증거로서, 하기 대표는 각자의 정부로부터 정당한 위임을 받아 본 협정에 서명하였다.

1965년 6월 22일 토오쿄오에서 동등히 정본인 한국어 및 일본어로 본서 2통을 작성하였다.

대한민국을 위하여

(서명) 이동원

　　　　김동조

일본국을 위하여

(서명) 시이나 에쓰사부로오

　　　　다까스기 싱이찌

第四条

この協定は、批准されなければならない。批准書は、できる限りすみやかにソウルで交換されるものとする。この協定は、批准書の交換の日に効力を生ずる。

以上の証拠として、下名は、各自の政府からこのために正当な委任を受け、この協定に署名した。

千九百六十五年六月二十二日に東京で、ひとしく正文である日本語及び韓国語により本書二通を作成した。

日本国のために

　　　椎名悦三郎

　　　高杉晋一

大韓民国のために

　　　李　東　元

　　　金　東　祚

〔자료 2〕 대법원 2018.10.30. 선고 2013다61381 전원합의체 판결

대 법 원
판 결

사건	2013다61381 손해배상(기)
원고, 피상고인	망 소외인의 소송수계인 원고 1. 의 가 외 8인
	원고들 소송대리인 법무법인 해마루
	담당변호사 지기룡, 이제영
피고, 상고인	신일철주금 주식회사
	소송대리인 변호사 주한일, 박종욱,
	최건호
환송판결	대법원 2012. 5. 24. 선고 2009다 68620 판결
원심판결	서울고법 2013. 7. 10. 선고 2012나

44947 판결

판결선고   2018.10.30.

주 문

상고를 모두 기각한다.

상고비용은 피고가 부담한다.

이 유

상고이유(상고이유서 제출기간이 지난 후에 제출된 상고이유보충서 등 서면들의 기재는 상고이유를 보충하는 범위 내에서)를 판단한다.

1. 기본적 사실관계

환송 전후의 각 원심판결 및 환송판결의 이유와 환송 전후의 원심이 적법하게 채택한 증거들에 의하면 다음과 같은 사실을 알 수 있다.

가. 일본의 한반도 침탈과 강제동원 등

일본은 1910. 8. 22. 한일합병조약 이후 조선총독부를 통하여 한반도를 지배하였다. 일본은 1931년 만주사변, 1937년 중일전쟁을 일으킴으로써 점차 전시체제에 들어가게 되었고, 1941년에는 태평양전쟁까지 일으켰다. 일본은 전쟁을 치르면서 군수물자 생산을 위한 노동력이 부족하게 되자 이를 해결하기 위하여 1938. 4. 1. '국가총동원법'을 제정·공포하고, 1942년 '조선인 내지이입 알선 요강'을 제정·실시하여 한반도 각 지역에서 관官 알선을 통하여 인력을 모집하였으며, 1944. 10.경부터는 '국민징용령'에 의하여 일반 한국인에 대한 징용을 실시하였다. 태평양전쟁은 1945. 8. 6. 일본 히로시마에 원자폭탄이 투하된 다음, 같은 달 15일 일본 국왕이 미국을 비롯한 연합국에 무조건 항복을 선언함으로써 끝이 났다.

나. 망 소외인과 원고 2, 원고 3, 원고 4(이하 '원고들'이라 한다)의 동원과 강제노동 피해 및 귀국 경위

(1) 원고들은 1923년부터 1929년 사이에 한반도에서 태어나 평양, 보령, 군산 등에서 거주하던 사람들이

고, 일본제철 주식회사(이하 '구 일본제철'이라 한다)는
1934. 1.경 설립되어 일본 가마이시釜石, 야하타八幡,
오사카大阪 등에서 제철소를 운영하던 회사이다.

(2) 1941. 4. 26. 기간基幹 군수사업체에 해당하는
구 일본제철을 비롯한 일본의 철강생산자들을 총괄 지
도하는 일본 정부 직속기구인 철강통제회가 설립되었
다. 철강통제회는 한반도에서 노무자를 적극 확충하기
로 하고 일본 정부와 협력하여 노무자를 동원하였고,
구 일본제철은 사장이 철강통제회의 회장을 역임하는
등 철강통제회에서 주도적인 역할을 하였다.

(3) 구 일본제철은 1943년경 평양에서 오사카제철
소의 공원모집 광고를 냈는데, 그 광고에는 오사카제
철소에서 2년간 훈련을 받으면 기술을 습득할 수 있고
훈련 종료 후 한반도의 제철소에서 기술자로 취직할
수 있다고 기재되어 있었다. 망 소외인, 원고 2는
1943년 9월경 위 광고를 보고, 기술을 습득하여 우리
나라에서 취직할 수 있다는 점에 끌려 응모한 다음,
구 일본제철의 모집담당자와 면접을 하고 합격하여 위
담당자의 인솔하에 구 일본제철의 오사카제철소로 가

서, 훈련공으로 노역에 종사하였다.

망 소외인, 원고 2는 오사카제철소에서 1일 8시간의 3교대제로 일하였고, 한 달에 1, 2회 정도 외출을 허락받았으며, 한 달에 2, 3엔 정도의 용돈만 지급받았을 뿐이고, 구 일본제철은 임금 전액을 지급하면 낭비할 우려가 있다는 이유를 들어 망 소외인, 원고 2의 동의를 얻지 않은 채 이들 명의의 계좌에 임금의 대부분을 일방적으로 입금하고 그 저금통장과 도장을 기숙사의 사감에게 보관하게 하였다. 망 소외인, 원고 2는 화로에 석탄을 넣고 깨뜨려서 뒤섞거나 철 파이프 속으로 들어가서 석탄 찌꺼기를 제거하는 등 화상의 위험이 있고 기술습득과는 별 관계가 없는 매우 고된 노역에 종사하였는데, 제공되는 식사의 양이 매우 적었다. 또한 경찰이 자주 들러서 이들에게 '도망치더라도 바로 잡을 수 있다'고 말하였고 기숙사에서도 감시하는 사람이 있었기 때문에 도망칠 생각을 하지 못하였는데, 원고 2는 도망가고 싶다고 말하였다가 발각되어 기숙사 사감으로부터 구타를 당하고 체벌을 받기도 하였다.

그러던 중 일본은 1944년 2월경부터 훈련공들을 강제로 징용하고, 이후부터 망 소외인, 원고 2에게 아무런 대가도 지급하지 않았다. 오사카제철소의 공장은 1945년 3월경 미합중국 군대의 공습으로 파괴되었고, 이때 훈련공들 중 일부는 사망하였으며, 망 소외인, 원고 2를 포함한 나머지 훈련공들은 1945년 6월경 함경도 청진에 건설 중인 제철소로 배치되어 청진으로 이동하였다. 망 소외인, 원고 2는 기숙사의 사감에게 일본에서 일한 임금이 입금되어 있던 저금통장과 도장을 달라고 요구하였지만, 사감은 청진에 도착한 이후에도 통장과 도장을 돌려주지 아니하였고, 청진에서 하루 12시간 동안 공장건설을 위해 토목공사를 하면서도 임금을 전혀 받지 못하였다. 망 소외인, 원고 2는 1945년 8월경 청진공장이 소련군의 공격으로 파괴되자 소련군을 피하여 서울로 도망하였고 비로소 일제로부터 해방된 사실을 알게 되었다.

(4) 원고 3은 1941년 대전시장의 추천을 받아 보국대로 동원되어 구 일본제철의 모집담당관의 인솔에 따라 일본으로 건너가 구 일본제철의 가마이시제철소에

서 코크스를 용광로에 넣고 용광로에서 철이 나오면 다시 가마에 넣는 등의 노역에 종사하였다. 위 원고는 심한 먼지로 인하여 어려움을 겪었고 용광로에서 나오는 불순물에 걸려 넘어져 배에 상처를 입고 3개월간 입원하기도 하였으며 임금을 저금해 준다는 말을 들었을 뿐 임금을 전혀 받지 못하였다. 노역에 종사하는 동안 처음 6개월간은 외출이 금지되었고, 일본 헌병들이 보름에 한 번씩 와서 인원을 점검하였으며 일을 나가지 않는 사람에게 꾀를 부린다며 발길질을 하기도 하였다. 위 원고는 1944년이 되자 징병되어 군사훈련을 마친 후 일본 고베에 있는 부대에 배치되어 미군 포로 감시원으로 일하다가 해방이 되어 귀국하였다.

(5) 원고 4는 1943년 1월경 군산부(지금의 군산시)의 지시를 받고 모집되어 구 일본제철의 인솔자를 따라 일본으로 건너가 구 일본제철의 야하타제철소에서 각종 원료와 생산품을 운송하는 선로의 신호소에 배치되어 선로를 전환하는 포인트 조작과 열차의 탈선방지를 위한 포인트의 오염물 제거 등의 노역에 종사하였는데, 도주하다가 발각되어 약 7일 동안 심한 구타를

당하며 식사를 제공받지 못하기도 하였다. 위 원고는 노역에 종사하는 동안 임금을 전혀 지급받지 못하였고, 일체의 휴가나 개인행동을 허락받지 못하였으며, 일본이 패전한 이후 귀국하라는 구 일본제철의 지시를 받고 고향으로 돌아오게 되었다.

다. 샌프란시스코 조약 체결 등

태평양전쟁이 끝난 후 미군정 당국은 1945. 12. 6. 공포한 군정법령 제33호로 재한국 일본재산을 그 국유·사유를 막론하고 미군정청에 귀속시켰고, 이러한 구 일본재산은 대한민국 정부 수립 직후인 1948. 9. 20.에 발효한 「대한민국 정부 및 미국 정부 간의 재정 및 재산에 관한 최초협정」에 의하여 대한민국 정부에 이양되었다.

미국 등을 포함한 연합국 48개국과 일본은 1951. 9. 8. 전후 배상문제를 해결하기 위하여 샌프란시스코에서 평화조약(이하 '샌프란시스코 조약'이라 한다)을 체결하였고, 위 조약은 1952. 4. 28. 발효되었다. 샌프란시스코 조약 제4조(a)는 일본의 통치로부터 이탈된 지역의 시정 당국 및 그 국민과 일본 및 그 국민 간의 재산상 채권·채무관계는 위 당국과 일본 간의 특별약정으로써 처리한다는 내용을, 제4조(b)는 일본은 위 지역에서 미군정 당국이 일본 및 그 국민의 재산을 처분한 것을 유효하다고 인정한다는 내용을 정하였다.

라. 청구권협정 체결 경위와 내용 등

(1) 대한민국 정부와 일본 정부는 1951년 말경부터 국교정상화와 전후 보상문제를 논의하였다. 1952. 2. 15. 제1차 한일회담 본회의가 열려 관련 논의가 본격적으로 시작되었는데, 대한민국은 제1차 한일회담 당시 '한일 간 재산 및 청구권 협정 요강 8개항'(이하 '8개항목'이라 한다)을 제시하였다. 8개 항목 중 제5항은 '한국 법인 또는 한국 자연인의 일본은행권, 피징용 한국인의 미수금, 보상금 및 기타 청구권의 변제청구'이다. 그 후 7차례의 본회의와 이를 위한 수십 차례의 예비회담, 정치회담 및 각 분과위원회별 회의 등을 거쳐 1965. 6. 22. 「대한민국과 일본국 간의 기본관계에 관한 조약」과 그 부속협정인 「대한민국과 일본국 간의

재산 및 청구권에 관한 문제의 해결과 경제협력에 관한 협정」(조약 제172호, 이하 '청구권협정'이라 한다) 등이 체결되었다.

(2) 청구권협정은 전문前文에서 "대한민국과 일본국은, 양국 및 양국 국민의 재산과 양국 및 양국 국민 간의 청구권에 관한 문제를 해결할 것을 희망하고, 양국 간의 경제협력을 증진할 것을 희망하여, 다음과 같이 합의하였다"라고 정하였다. 제1조에서 '일본국이 대한민국에 10년간에 걸쳐 3억 달러를 무상으로 제공하고 2억 달러의 차관을 행하기로 한다'고 정하였고, 이어서 제2조에서 다음과 같이 규정하였다.

  1. 양 체약국은 양 체약국 및 그 국민(법인을 포함함)의 재산, 권리 및 이익과 양 체약국 및 그 국민 간의 청구권에 관한 문제가 1951년 9월 8일에 샌프란시스코시에서 서명된 일본국과의 평화조약 제4조(a)에 규정된 것을 포함하여 완전히 그리고 최종적으로 해결된 것이 된다는 것을 확인한다.

  2. 본조의 규정은 다음의 것(본 협정의 서명일

까지 각기 체약국이 취한 특별조치의 대상이
된 것을 제외한다)에 영향을 미치는 것이 아
니다.

  (a) 일방 체약국의 국민으로서 1947년 8월
      15일부터 본 협정의 서명일까지 사이에
      타방 체약국에 거주한 일이 있는 사람
      의 재산, 권리 및 이익

  (b) 일방 체약국 및 그 국민의 재산, 권리
      및 이익으로서 1945년 8월 15일 이후에
      있어서의 통상의 접촉의 과정에 있어
      취득되었고 또는 타방 체약국의 관할하
      에 들어오게 된 것

3. 2.의 규정에 따르는 것을 조건으로 하여 일
   방 체약국 및 그 국민의 재산, 권리 및 이
   익으로서 본 협정의 서명일에 타방 체약국
   의 관할하에 있는 것에 대한 조치와 일방
   체약국 및 그 국민의 타방 체약국 및 그 국
   민에 대한 모든 청구권으로서 동일자 이전
   에 발생한 사유에 기인하는 것에 관하여는

어떠한 주장도 할 수 없는 것으로 한다.

(3) 청구권협정과 같은 날 체결되어 1965. 12. 18. 발효된 「대한민국과 일본국 간의 재산 및 청구권에 관한 문제의 해결과 경제협력에 관한 협정에 대한 합의의사록(Ⅰ)」(조약 제173호, 이하 '청구권협정에 대한 합의의사록(Ⅰ)'이라 한다)은 청구권협정 제2조에 관하여 다음과 같이 정하였다.

> (a) "재산, 권리 및 이익"이라 함은 법률상의 근거에 의거하여 재산적 가치가 인정되는 모든 종류의 실체적 권리를 말하는 것으로 양해되었다.
>
> (e) 동조 3.에 의하여 취하여질 조치는 동조 1.에서 말하는 양국 및 그 국민의 재산, 권리 및 이익과 양국 및 그 국민 간의 청구권에 관한 문제를 해결하기 위하여 취하여질 각국의 국내조치를 말하는 것으로 의견의 일치를 보았다.
>
> (g) 동조 1.에서 말하는 완전히 그리고 최종적으로 해결된 것으로 되는 양국 및 그 국민

의 재산, 권리 및 이익과 양국 및 그 국민 간의 청구권에 관한 문제에는 한일회담에서 한국 측으로부터 제출된 "한국의 대일청구요강"(소위 8개 항목)의 범위에 속하는 모든 청구가 포함되어 있고, 따라서 동 대일청구요강에 관하여는 어떠한 주장도 할 수 없게 됨을 확인하였다.

마. 청구권협정 체결에 따른 양국의 조치

(1) 청구권협정은 1965. 8. 14. 대한민국 국회에서 비준 동의되고 1965. 11. 12. 일본 중의원 및 1965. 12. 11. 일본 참의원에서 비준 동의된 후 그 무렵 양국에서 공포되었고, 양국이 1965. 12. 18. 비준서를 교환함으로써 발효되었다.

(2) 대한민국은 청구권협정에 의해 지급되는 자금을 사용하기 위한 기본적 사항을 정하기 위하여 1966. 2. 19. 「청구권자금의 운용 및 관리에 관한 법률」(이하 '청구권자금법'이라 한다)을 제정하였고, 이어서 보상대상이 되는 대일 민간청구권의 정확한 증거와 자료를

수집함에 필요한 사항을 규정하기 위하여, 1971. 1. 19. 「대일 민간청구권 신고에 관한 법률」(이하 '청구권신고법'이라 한다)을 제정하였다. 그런데 청구권신고법에서 강제동원 관련 피해자의 청구권에 관하여는 '일본국에 의하여 군인·군속 또는 노무자로 소집 또는 징용되어 1945. 8. 15. 이전에 사망한 자'만을 신고대상으로 한정하였다. 이후 대한민국은 청구권신고법에 따라 국민들로부터 대일청구권 신고를 접수받은 후 실제 보상을 집행하기 위하여 1974. 12. 21. 「대일 민간청구권 보상에 관한 법률」(이하 '청구권보상법'이라 한다)을 제정하여 1977. 6. 30.까지 총 83,519건에 대하여 총 91억 8,769만 3,000원의 보상금(무상 제공된 청구권자금 3억 달러의 약 9.7%에 해당한다)을 지급하였는데, 그중 피징용사망자에 대한 청구권 보상금으로 총 8,552건에 대하여 1인당 30만 원씩 총 25억 6,560만 원을 지급하였다.

(3) 일본은 1965. 12. 18. 「재산 및 청구권에 관한 문제의 해결과 경제협력에 관한 일본국과 대한민국 간의 협정 제2조의 실시에 따른 대한민국 등의 재산권에

대한 조치에 관한 법률」(이하 '재산권조치법'이라 한다)을 제정하였다. 그 주된 내용은 대한민국 또는 그 국민의 일본 또는 그 국민에 대한 채권 또는 담보권으로서 청구권협정 제2조의 재산, 이익에 해당하는 것을 청구권협정일인 1965. 6. 22. 소멸하게 한다는 것이다.

바. 대한민국의 추가 조치

（1） 대한민국은 2004. 3. 5. 일제강점하 강제동원 피해의 진상을 규명하여 역사의 진실을 밝히는 것을 목적으로 「일제강점하 강제동원피해 진상규명 등에 관한 특별법」(이하 '진상규명법'이라 한다)을 제정하였다. 위 법률과 그 시행령에 따라 일제강점하 강제동원피해 진상규명위원회가 설치되어 '일제강점하 강제동원피해'에 대한 조사가 전면적으로 이루어졌다.

（2） 대한민국은 2005년 1월경 청구권협정과 관련한 일부 문서를 공개하였다. 그 후 구성된 '한일회담 문서 공개 후속대책 관련 민관공동위원회'(이하 '민관공동위원회'라 한다)에서는 2005. 8. 26. '청구권협정은 일본의 식민지배 배상을 청구하기 위한 협상이 아니라 샌

프란시스코 조약 제4조에 근거하여 한일 양국 간 재정적·민사적 채권·채무관계를 해결하기 위한 것이었으며, 일본군 위안부 문제 등 일본 정부와 군대 등 일본 국가권력이 관여한 반인도적 불법행위에 대해서는 청구권협정으로 해결된 것으로 볼 수 없고 일본 정부의 법적 책임이 남아 있으며, 사할린동포 문제와 원폭피해자 문제도 청구권협정 대상에 포함되지 않았다'는 취지의 공식의견을 표명하였는데, 위 공식의견에는 아래 내용이 포함되어 있다.

○ 한일협상 당시 한국 정부는 일본 정부가 강제동원의 법적 배상·보상을 인정하지 않음에 따라, "고통받은 역사적 피해사실"에 근거하여 정치적 보상을 요구하였으며, 이러한 요구가 양국 간 무상자금산정에 반영되었다고 보아야 함

○ 청구권협정을 통하여 일본으로부터 받은 무상 3억불은 개인재산권(보험, 예금 등), 조선총독부의 대일채권 등 한국 정부가 국가로서 갖는 청구권, 강제동원 피해보상 문제 해결 성격의 자금 등이 포괄적으로 감안되었다고 보아야 할 것임

○ 청구권협정은 청구권 각 항목별 금액결정이 아니라 정치협상을 통해 총액결정 방식으로 타결되었기 때문에 각 항목별 수령금액을 추정하기 곤란하지만, 정부는 수령한 무상자금 중 상당 금액을 강제동원 피해자의 구제에 사용하여야 할 도의적 책임이 있다고 판단됨

○ 그러나 75년 우리 정부의 보상 당시 강제동원 부상자를 보호대상에서 제외하는 등 도의적 차원에서 볼 때 피해자 보상이 불충분하였다고 볼 측면이 있음

(3) 대한민국은 2006. 3. 9. 청구권보상법에 근거한 강제동원 피해자에 대한 보상이 불충분함을 인정하고 추가보상 방침을 밝힌 후, 2007. 12. 10. 「태평양전쟁 전후 국외 강제동원희생자 등 지원에 관한 법률」(이하 '2007년 희생자지원법'이라 한다)을 제정하였다. 위 법률과 그 시행령은, ① 1938. 4. 1.부터 1945. 8. 15. 사이에 일제에 의하여 군인·군무원·노무자 등으로 국외로 강제동원되어 그 기간 중 또는 국내로 돌아오는 과정에서 사망하거나 행방불명된 '강제동원희생자'의 경우 1인당 2,000만 원의 위로금을 유족에게 지급하

고, ② 국외로 강제동원되어 부상으로 장해를 입은 '강제동원희생자'의 경우 1인당 2,000만 원 이하의 범위 안에서 장해의 정도를 고려하여 대통령령으로 정하는 금액을 위로금으로 지급하며, ③ 강제동원희생자 중 생존자 또는 위 기간 중 국외로 강제동원되었다가 국내로 돌아온 사람 중 강제동원희생자에 해당하지 못한 '강제동원생환자' 중 생존자가 치료나 보조장구 사용이 필요한 경우에 그 비용의 일부로서 연간 의료지원금 80만 원을 지급하고, ④ 위 기간 중 국외로 강제동원되어 노무제공 등을 한 대가로 일본국 또는 일본 기업 등으로부터 지급받을 수 있었던 급료 등을 지급받지 못한 '미수금피해자' 또는 그 유족에게 미수금 피해자가 지급받을 수 있었던 미수금을 당시 일본 통화 1엔에 대하여 대한민국 통화 2,000원으로 환산하여 미수금지원금을 지급하도록 규정하였다.

(4) 한편 진상규명법과 2007년 희생자지원법이 폐지되는 대신 2010. 3. 22.부터 제정되어 시행되고 있는 「대일항쟁기 강제동원 피해조사 및 국외강제동원 희생자 등 지원에 관한 특별법」(이하 '2010년 희생자지

원법'이라 한다)은 사할린지역 강제동원피해자 등을 보
상대상에 추가하여 규정하고 있다.

2. 상고이유 제1점에 관하여

환송 후 원심은 그 판시와 같은 이유를 들어, 망 소
외인, 원고 2가 이 사건 소송에 앞서 일본에서 피고를
상대로 소송을 제기하였다가 이 사건 일본판결로 패
소·확정되었다고 하더라도, 이 사건 일본판결이 일본
의 한반도와 한국인에 대한 식민지배가 합법적이라는
규범적 인식을 전제로 하여 일제의 '국가총동원법'과
'국민징용령'을 한반도와 망 소외인, 원고 2에게 적용
하는 것이 유효하다고 평가한 이상, 이러한 판결 이유
가 담긴 이 사건 일본판결을 그대로 승인하는 것은 대
한민국의 선량한 풍속이나 그 밖의 사회질서에 위반하
는 것이고, 따라서 우리나라에서 이 사건 일본판결을
승인하여 그 효력을 인정할 수는 없다고 판단하였다.

이러한 환송 후 원심의 판단은 환송판결의 취지에

따른 것으로서, 거기에 상고이유 주장과 같이 외국판
결 승인요건으로서의 공서양속 위반에 관한 법리를 오
해하는 등의 위법이 없다.

3. 상고이유 제2점에 관하여

환송 후 원심은 그 판시와 같은 이유를 들어, 원고
들을 노역에 종사하게 한 구 일본제철이 일본국 법률
이 정한 바에 따라 해산되고 그 판시의 '제2회사'가
설립된 뒤 흡수합병의 과정을 거쳐 피고로 변경되는
등의 절차를 거쳤다고 하더라도, 원고들은 구 일본제
철에 대한 이 사건 청구권을 피고에 대하여도 행사할
수 있다고 판단하였다.

이러한 환송 후 원심의 판단 역시 환송판결의 취지
에 따른 것으로서, 거기에 상고이유 주장과 같이 외국
법 적용에 있어 공서양속 위반 여부에 관한 법리를 오
해하는 등의 위법이 없다.

4. 상고이유 제3점에 관하여

가. 조약은 전문·부속서를 포함하는 조약문의 문맥 및 조약의 대상과 목적에 비추어 그 조약의 문언에 부여되는 통상적인 의미에 따라 성실하게 해석되어야 한다. 여기서 문맥은 조약문(전문 및 부속서를 포함한다) 외에 조약의 체결과 관련하여 당사국 사이에 이루어진 그 조약에 관한 합의 등을 포함하며, 조약 문언의 의미가 모호하거나 애매한 경우 등에는 조약의 교섭 기록 및 체결 시의 사정 등을 보충적으로 고려하여 그 의미를 밝혀야 한다.

나. 이러한 법리에 따라, 앞서 본 사실관계 및 채택된 증거에 의하여 알 수 있는 다음과 같은 사정을 종합하여 보면, 원고들이 주장하는 피고에 대한 손해배상청구권은 청구권협정의 적용대상에 포함된다고 볼 수 없다. 그 이유는 다음과 같다.

(1) 우선 이 사건에서 문제 되는 원고들의 손해배상청구권은, 일본 정부의 한반도에 대한 불법적인 식민지배 및 침략전쟁의 수행과 직결된 일본 기업의 반

인도적인 불법행위를 전제로 하는 강제동원 피해자의 일본 기업에 대한 위자료청구권(이하 '강제동원 위자료청구권'이라 한다)이라는 점을 분명히 해두어야 한다. 원고들은 피고를 상대로 미지급 임금이나 보상금을 청구하고 있는 것이 아니고, 위와 같은 위자료를 청구하고 있는 것이다.

이와 관련한 환송 후 원심의 아래와 같은 사실인정과 판단은 기록상 이를 충분히 수긍할 수 있다. 즉 ① 일본 정부는 중일전쟁과 태평양전쟁 등 불법적인 침략전쟁의 수행과정에서 기간 군수사업체인 일본의 제철소에 필요한 인력을 확보하기 위하여 장기적인 계획을 세워 조직적으로 인력을 동원하였고, 핵심적인 기간 군수사업체의 지위에 있던 구 일본제철은 철강통제회에 주도적으로 참여하는 등 일본 정부의 위와 같은 인력동원정책에 적극 협조하여 인력을 확충하였다. ② 원고들은 당시 한반도와 한국민들이 일본의 불법적이고 폭압적인 지배를 받고 있었던 상황에서 장차 일본에서 처하게 될 노동 내용이나 환경에 대하여 잘 알지 못한 채 일본 정부와 구 일본제철의 위와 같은 조직적인 기망에 의하여 동원되었다고 봄이 타당하다. ③ 더욱이 원고들은 성년에 이르지 못한 어린 나이에 가족과 이별하여 생명이나 신체에 위해를 당할 가능성이 매우 높은 열악한 환경에서 위험한 노동에 종사하였고, 구체적인 임금액도 모른 채 강제로 저금을 해야 했으며, 일본 정부의 혹독한 전시총동원체제에서 외출이 제한되고 상시 감시를 받아 탈출이 불가능하였으며 탈출시도가 발각된 경우 혹독한 구타를 당하기도 하였다. ④ 이러한 구 일본제철의 원고들에 대한 행위는 당시 일본 정부의 한반도에 대한 불법적인 식민지배 및 침략전쟁의 수행과 직결된 반인도적인 불법행위에 해당하고, 이러한 불법행위로 인하여 원고들이 정신적 고통을 입었음은 경험칙상 명백하다.

(2) 앞서 본 청구권협정의 체결 경과와 그 전후 사정, 특히 아래와 같은 사정들에 의하면, 청구권협정은 일본의 불법적 식민지배에 대한 배상을 청구하기 위한 협상이 아니라 기본적으로 샌프란시스코 조약 제4조에 근거하여 한일 양국 간의 재정적·민사적 채권·채무 관계를 정치적 합의에 의하여 해결하기 위한 것이었다고

보인다.

① 앞서 본 것처럼, 전후 배상문제를 해결하기 위하여 1951. 9. 8. 미국 등 연합국 48개국과 일본 사이에 체결된 샌프란시스코 조약 제4조(a)는 '일본의 통치로부터 이탈된 지역(대한민국도 이에 해당)의 시정 당국 및 그 국민과 일본 및 일본 국민 간의 재산상 채권·채무관계는 이러한 당국과 일본 간의 특별약정으로써 처리한다'고 규정하였다.

② 샌프란시스코 조약이 체결된 이후 곧이어 제1차 한일회담(1952. 2. 15.부터 같은 해 4. 25.까지)이 열렸는데, 그때 한국 측이 제시한 8개 항목도 기본적으로 한·일 양국 간의 재정적·민사적 채무관계에 관한 것이었다. 위 8개 항목 중 제5항에 '피징용한국인의 미수금, 보상금 및 기타 청구권의 변제청구'라는 문구가 있지만, 8개 항목의 다른 부분 어디에도 일본 식민지배의 불법성을 전제로 하는 내용은 없으므로, 위 제5항 부분도 일본 측의 불법행위를 전제로 하는 것은 아니었다고 보인다. 따라서 위 '피징용한국인의 미수금, 보상금 및 기타 청구권의 변제청구'에 강제동원 위자료

청구권까지 포함된다고 보기는 어렵다.

③ 1965. 3. 20. 대한민국 정부가 발간한 '한일회담 백서'(을 제18호증)에 의하면, 샌프란시스코 조약 제4조가 한·일 간 청구권 문제의 기초가 되었다고 명시하고 있고, 나아가 "위 제4조의 대일청구권은 승전국의 배상청구권과 구별된다. 한국은 샌프란시스코 조약의 조인 당사국이 아니어서 제14조 규정에 의한 승전국이 향유하는 '손해 및 고통'에 대한 배상청구권을 인정받지 못하였다. 이러한 한·일 간 청구권 문제에는 배상청구를 포함시킬 수 없다"는 설명까지 하고 있다.

④ 이후 실제로 체결된 청구권협정문이나 그 부속서 어디에도 일본 식민지배의 불법성을 언급하는 내용은 전혀 없다. 청구권협정 제2조 1에서는 '청구권에 관한 문제가 샌프란시스코 조약 제4조(a)에 규정된 것을 포함하여 완전히 그리고 최종적으로 해결된 것'이라고 하여, 위 제4조(a)에 규정된 것 이외의 청구권도 청구권협정의 적용대상이 될 수 있다고 해석될 여지가 있기는 하다. 그러나 위와 같이 일본 식민지배의 불법성이 전혀 언급되어 있지 않은 이상, 위 제4조(a)의 범

주를 벗어나는 청구권, 즉 식민지배의 불법성과 직결되는 청구권까지도 위 대상에 포함된다고 보기는 어렵다. 청구권협정에 대한 합의의사록(Ⅰ) 2. (g)에서도 '완전히 그리고 최종적으로 해결되는 것'에 위 8개 항목의 범위에 속하는 청구가 포함되어 있다고 규정하였을 뿐이다.

⑤ 2005년 민관공동위원회도 '청구권협정은 기본적으로 일본의 식민지배 배상을 청구하기 위한 것이 아니라 샌프란시스코 조약 제4조에 근거하여 한일 양국 간 재정적·민사적 채권·채무관계를 해결하기 위한 것이다'라고 공식의견을 밝혔다.

(3) 청구권협정 제1조에 따라 일본 정부가 대한민국 정부에 지급한 경제협력자금이 제2조에 의한 권리문제의 해결과 법적인 대가관계가 있다고 볼 수 있는지도 분명하지 아니하다.

청구권협정 제1조에서는 '3억 달러 무상 제공, 2억 달러 차관(유상) 실행'을 규정하고 있으나, 그 구체적인 명목에 대해서는 아무런 내용이 없다. 차관의 경우 일본의 해외경제협력기금에 의하여 행하여지는 것으로 하고, 위 무상 제공 및 차관이 대한민국의 경제발전에 유익한 것이어야 한다는 제한을 두고 있을 뿐이다. 청구권협정 전문에서 '청구권 문제 해결'을 언급하고 있기는 하나, 위 5억 달러(무상 3억 달러와 유상 2억 달러)와 구체적으로 연결되는 내용은 없다. 이는 청구권협정에 대한 합의의사록(Ⅰ) 2. (g)에서 언급된 '8개 항목'의 경우도 마찬가지이다. 당시 일본 측의 입장도 청구권협정 제1조의 돈이 기본적으로 경제협력의 성격이라는 것이었고, 청구권협정 제1조와 제2조 사이에 법률적인 상호관계가 존재하지 않는다는 입장이었다.

2005년 민관공동위원회는, 청구권협정 당시 정부가 수령한 무상자금 중 상당 금액을 강제동원 피해자의 구제에 사용하여야 할 '도의적 책임'이 있었다고 하면서, 1975년 청구권보상법 등에 의한 보상이 '도의적 차원'에서 볼 때 불충분하였다고 평가하였다. 그리고 그 이후 제정된 2007년 희생자지원법 및 2010년 희생자지원법 모두 강제동원 관련 피해자에 대한 위로금이나 지원금의 성격이 '인도적 차원'의 것임을 명시하였다.

(4) 청구권협정의 협상 과정에서 일본 정부는 식민

지배의 불법성을 인정하지 않은 채, 강제동원 피해의 법적 배상을 원천적으로 부인하였고, 이에 따라 한일 양국의 정부는 일제의 한반도 지배의 성격에 관하여 합의에 이르지 못하였다. 이러한 상황에서 강제동원 위자료청구권이 청구권협정의 적용대상에 포함되었다고 보기는 어렵다.

청구권협정의 일방 당사자인 일본 정부가 불법행위의 존재 및 그에 대한 배상책임의 존재를 부인하는 마당에, 피해자 측인 대한민국 정부가 스스로 강제동원 위자료청구권까지도 포함된 내용으로 청구권협정을 체결하였다고 보이지는 않기 때문이다.

(5) 환송 후 원심에서 피고가 추가로 제출한 증거들도, 강제동원 위자료청구권이 청구권 협정의 적용대상에 포함되지 않는다는 위와 같은 판단에 지장을 준다고 보이지 않는다.

위 증거들에 의하면, 1961. 5. 10. 제5차 한일회담 예비회담 과정에서 대한민국 측이 '다른 국민을 강제적으로 동원함으로써 입힌 피징용자의 정신적, 육체적 고통에 대한 보상'을 언급한 사실, 1961. 12. 15. 제6

차 한일회담 예비회담 과정에서 대한민국 측이 '8개 항목에 대한 보상으로 총 12억 2,000만 달러를 요구하면서, 그중 3억 6,400만 달러(약 30%)를 강제동원 피해보상에 대한 것으로 산정(생존자 1인당 200달러, 사망자 1인당 1,650달러, 부상자 1인당 2,000달러 기준)'한 사실 등을 알 수 있기는 하다.

그러나 위와 같은 발언 내용은 대한민국이나 일본의 공식 견해가 아니라 구체적인 교섭과정에서 교섭 담당자가 한 말에 불과하고, 13년에 걸친 교섭 과정에서 일관되게 주장되었던 내용도 아니다. '피징용자의 정신적, 육체적 고통'을 언급한 것은 협상에서 유리한 지위를 점하려는 목적에서 비롯된 발언에 불과한 것으로 볼 여지가 크고, 실제로 당시 일본 측의 반발로 제5차 한일회담 협상은 타결되지도 않았다. 또한 위와 같이 협상 과정에서 총 12억 2,000만 달러를 요구하였음에도 불구하고 정작 청구권협정은 3억 달러(무상)로 타결되었다. 이처럼 요구액에 훨씬 미치지 못하는 3억 달러만 받은 상황에서 강제동원 위자료청구권도 청구권협정의 적용대상에 포함된 것이라고는 도저히 보기 어렵다.

다. 환송 후 원심이 이와 같은 취지에서, 강제동원 위자료청구권은 청구권협정의 적용대상에 포함되지 않는다고 판단한 것은 정당하다. 거기에 상고이유 주장과 같이 청구권협정의 적용대상과 효력에 관한 법리를 오해하는 등의 위법이 없다.

한편 피고는 이 부분 상고이유에서, 강제동원 위자료청구권이 청구권협정의 적용대상에 포함된다는 전제하에, 청구권협정으로 포기된 권리가 국가의 외교적 보호권에 한정되어서만 포기된 것이 아니라 개인청구권 자체가 포기(소멸)된 것이라는 취지의 주장도 하고 있으나, 이 부분은 환송 후 원심의 가정적 판단에 관한 것으로서 더 나아가 살펴볼 필요 없이 받아들일 수 없다.

5. 상고이유 제4점에 관하여

환송 후 원심은, 1965년 한일 간에 국교가 정상화되었으나 청구권협정 관련 문서가 모두 공개되지 않은 상황에서 청구권협정으로 대한민국 국민의 일본국 또는 일본 국민에 대한 개인청구권까지도 포괄적으로 해결된 것이라는 견해가 대한민국 내에서 널리 받아들여져 온 사정 등 그 판시와 같은 이유를 들어, 이 사건 소 제기 당시까지도 원고들이 피고를 상대로 대한민국에서 객관적으로 권리를 행사할 수 없는 장애사유가 있었다고 봄이 상당하므로, 피고가 소멸시효 완성을 주장하여 원고들에 대한 채무의 이행을 거절하는 것은 현저히 부당하여 신의성실의 원칙에 반하는 권리남용으로서 허용될 수 없다고 판단하였다.

　이러한 환송 후 원심의 판단 또한 환송판결의 취지에 따른 것으로서, 거기에 상고이유 주장과 같이 소멸시효에 관한 법리를 오해하는 등의 위법이 없다.

6. 상고이유 제5점에 관하여

　불법행위로 입은 정신적 고통에 대한 위자료 액수에

관하여는 사실심법원이 제반 사정을 참작하여 그 직권에 속하는 재량에 의하여 이를 확정할 수 있다(대법원 1999. 4. 23. 선고98다41377 판결 등 참조).

환송 후 원심은 그 판시와 같은 이유로 원고들에 대한 위자료를 판시 액수로 정하였다. 환송 후 원심판결 이유를 기록에 비추어 살펴보면, 이 부분 판단에 상고이유 주장과 같이 위자료 산정에 있어서 현저하게 상당성을 결하는 등의 위법이 없다.

7. 결론

그러므로 상고를 모두 기각하고, 상고비용은 패소자가 부담하도록 하여, 주문과 같이 판결한다. 이 판결에는 상고이유 제3점에 관한 판단에 대하여 대법관 이기택의 별개의견, 대법관 김소영, 대법관 이동원, 대법관 노정희의 별개의견이 각 있고, 대법관 권순일, 대법관 조재연의 반대의견이 있는 외에는 관여 법관의 의견이 일치되었으며, 대법관 김재형, 대법관 김선수의 다수의견에 대한 보충의견이 있다.

8. 상고이유 제3점에 관한 판단에 대한 대법관 이기 택의 별개의견

가. 이 부분 상고이유 요지는, 원고들이 주장하는 피고에 대한 손해배상청구권은 청구권 협정의 적용대상에 포함되고, 청구권협정에 포함된 청구권은 국가의 외교적 보호권뿐만 아니라 개인청구권까지 완전히 소멸한 것으로 보아야 한다는 것이다.

이 문제에 관하여 이미 환송판결은 '원고들의 손해배상청구권은 청구권협정의 적용대상에 포함되지 아니하고, 설령 포함된다고 하더라도 그 개인청구권 자체는 청구권협정만으로 당연히 소멸하지 아니하고 다만 청구권협정으로 그 청구권에 관한 대한민국의 외교적 보호권이 포기되었을 뿐이다'라고 판시하였고, 환송 후 원심도 이를 그대로 따랐다.

상고심으로부터 사건을 환송받은 법원은 그 사건을

재판할 때에 상고법원이 파기이유로 한 사실상 및 법률상의 판단에 기속된다. 이러한 환송판결의 기속력은 재상고심에도 미치는 것이 원칙이다. 따라서 환송판결의 기속력에 반하는 위와 같은 상고이유 주장은 받아들일 수 없다. 구체적으로 살펴보면 다음과 같다.

나. 법원조직법 제8조는 "상급법원 재판에서의 판단은 해당 사건에 관하여 하급심을 기속한다"라고 규정하고 있고, 민사소송법 제436조 제2항은 "사건을 환송받거나 이송받은 법원은 다시 변론을 거쳐 재판하여야 한다. 이 경우에는 상고법원이 파기의 이유로 삼은 사실상 및 법률상 판단에 기속된다"라고 규정하고 있다. 따라서 상고법원으로부터 사건을 환송받은 법원은 그 사건을 재판할 때에 상고법원이 파기이유로 한 사실상 및 법률상의 판단에 기속된다. 다만 환송 후 심리과정에서 새로운 주장이나 증명이 제출되어 기속적 판단의 기초가 된 사실관계에 변동이 생긴 경우에는 예외적으로 기속력이 미치지 아니할 수 있다(대법원 1988. 3. 8. 선고 87다카1396 판결 등 참조).

이 사건에서 만약 환송 후 원심의 심리과정에서 새

로운 주장이나 증명을 통해 환송판결의 이 부분 판단의 기초가 된 사실관계에 변동이 생겼다고 평가할 수 있다면, 기속력이 미치지 아니한다고 볼 수 있다.

그러나 우선 다수의견이 적절히 설시한 것과 같이, 환송 후 원심에서 피고가 추가로 제출한 증거들에 의하여 알 수 있는 제5차 및 제6차 한일회담 예비회담 과정에서의 대한민국 측의 발언 내용들만으로는, 도저히 '원고들의 손해배상청구권은 청구권협정의 적용대상에 포함되지 아니한다'라는 환송판결의 기속적 판단의 기초가 된 사실관계에 변동이 생긴 경우라고 보기 어렵다.

또한 환송판결의 가정적 판단, 즉 '개인청구권 자체는 청구권협정만으로 당연히 소멸하지 아니하고 다만 청구권협정으로 그 청구권에 관한 대한민국의 외교적 보호권이 포기되었을 뿐이다'라는 부분도 그 판단의 기초가 된 사실관계에 변동이 생겼다고 보기 어렵기는 마찬가지이다. 이와 관련하여 환송 후 원심에서 새로 제출된 증거들은 주로 청구권협정의 해석에 대한 각자의 견해를 밝힌 것에 불과하여 '사실관계'의 변동이라고 평가하기도 어렵다.

다. 환송판결의 기속력은 환송 후 원심뿐만 아니라 재상고심에도 미치는 것이 원칙이다(대법원 1995. 8. 22. 선고 94다43078 판결 등 참조).

다만 대법원 2001. 3. 15. 선고 98두15597 전원합의체 판결은 "대법원은 법령의 정당한 해석적용과 그 통일을 주된 임무로 하는 최고법원이고, 대법원의 전원합의체는 종전에 대법원에서 판시한 법령의 해석적용에 관한 의견을 스스로 변경할 수 있는 것인바(법원조직법 제7조 제1항 제3호), 환송판결이 파기이유로 한 법률상 판단도 여기에서 말하는 '대법원에서 판시한 법령의 해석적용에 관한 의견'에 포함되는 것이므로 대법원의 전원합의체가 종전의 환송판결의 법률상 판단을 변경할 필요가 있다고 인정하는 경우에는, 그에 기속되지 아니하고 통상적인 법령의 해석적용에 관한 의견의 변경절차에 따라 이를 변경할 수 있다고 보아야 할 것이다"라고 하여, 환송판결의 기속력이 재상고심의 전원합의체에는 미치지 아니한다는 취지로 판시한 바 있다.

그러나 위 98두15597 전원합의체 판결의 의미를 '전원합의체에서 판단하는 이상 언제라도 환송판결의 기속력에서 벗어날 수 있다'는 것으로 이해하여서는 아니 된다. '환송판결에 명백한 법리오해가 있어 반드시 이를 시정해야 하는 상황이거나 환송판결이 전원합의체를 거치지 아니한 채 종전 대법원판결이 취한 견해와 상반된 입장을 취한 때와 같은 예외적인 경우에 한하여 기속력이 미치지 아니한다'는 뜻으로 새겨야 한다. 이렇게 보지 아니할 경우 법률에서 환송판결의 기속력을 인정한 취지가 무색하게 될 우려가 있기 때문이다. 실제로 위 98두15597 전원합의체 판결의 사안 자체도, 환송판결에 명백한 법리오해의 잘못이 있었을 뿐만 아니라 환송판결이 전원합의체를 거치지도 아니한 채 기존 대법원판결에 저촉되는 판단을 한 경우였다.

이러한 법리에 따라 이 사건에 돌아와 살펴보면, 청구권협정의 효력과 관련하여 환송판결이 설시한 법리에 명백한 오류가 있다거나 종전 대법원판결에 반하는 내용이 있었다고는 보이지 않는다. 따라서 이 사건을 전원합의체에서 판단한다고 하더라도 쉽사리 환송판결이 설시한 법리를 재심사하거나 뒤집을 수 있다고 볼 수는 없다.

라. 결국, 어느모로 보나 이 부분 상고이유 주장은 환송판결의 기속력에 반하는 것으로서 받아들일 수 없다.

한편 앞서 본 상고이유 제1, 2, 4점에 관한 판단 부분에서 '환송 후 원심의 판단이 환송판결의 취지에 따른 것으로서 상고이유 주장과 같은 위법이 없다'고 판시한 것은, 위와 같은 환송판결의 기속력에 관한 법리에 따른 것으로 볼 수 있으므로, 이 부분 판단에 대해서는 다수의견과 견해를 달리하지 아니한다는 점을 덧붙여 두고자 한다.

이상과 같은 이유로, 상고를 기각하여야 한다는 결론에서는 다수의견과 의견을 같이하지만 상고이유 제3점에 관하여는 다수의견과 그 구체적인 이유를 달리하므로, 별개의견으로 이를 밝혀 둔다.

9. 상고이유 제3점에 관한 판단에 대한 대법관 김소영, 대법관 이동원, 대법관 노정희의 별개의견

가. 청구권협정에도 불구하고 원고들이 피고를 상대로 강제동원 피해에 대한 위자료청구권을 행사할 수 있다는 점에 관해서는 다수의견과 결론을 같이한다. 다만 그 구체적인 이유에서는 다수의견과 견해를 달리한다.

다수의견은 '원고들이 주장하는 피고에 대한 손해배상청구권은 청구권협정의 적용대상에 포함된다고 볼 수 없다'는 입장을 취하고 있다. 그러나 청구권협정의 해석상 원고들의 손해배상청구권은 청구권협정의 적용대상에 포함된다고 보아야 한다. 다만 원고들 개인의 청구권 자체는 청구권협정으로 당연히 소멸한다고 볼 수 없고, 청구권협정으로 그 청구권에 관한 대한민국의 외교적 보호권만이 포기된 것에 불과하다. 따라서 원고들은 여전히 대한민국에서 피고를 상대로 소로써 권리를 행사할 수 있다.

이렇게 보아야 하는 구체적인 이유는 다음과 같다.

나. 우선 조약의 해석 방법에 관하여 다수의견이 밝힌 법리에 관하여는 견해를 달리하지 않는다. 이러한 법리에 따라, 환송 후 원심에서 비로소 제출된 증거들(을 제16 내지 18, 37내지 39, 40 내지 47, 50, 52, 53, 55호증)까지 포함하여 원심이 적법하게 채택·조사한 증거들에 의하여 알 수 있는 사실관계를 살펴보면, 다수의견과 달리, 원고들의 피고에 대한 손해배상청구권은 청구권협정의 적용대상에 포함된다고 보는 것이 타당하다.

(1) 환송 후 원심에서 제출된 증거들을 비롯한 채택 증거들에 의하여 알 수 있는 청구권 협정의 구체적인 체결 과정은 다음과 같다.

(가) 앞서 보았듯이, 1952. 2. 15. 개최된 제1차 한일회담 당시 대한민국은 8개 항목을 제시하였는데, 이후 일본의 역청구권 주장, 독도 및 평화선 문제에 대한 이견, 양국의 정치적 상황 등으로 제4차 한일회담까지는 8개 항목에 관한 논의가 제대로 이루어지지 못하였다.

(나) 제5차 한일회담에서부터 8개 항목에 대한 실

질적인 토의가 이루어졌는데, 제5차 한일회담에서는 아래와 같은 논의가 있었다.

① 1961. 5. 10. 제5차 한일회담 예비회담 일반청구권 소위원회 제13차 회의에서 대한민국 측은 8개 항목 중 위 제5항(한국법인 또는 한국자연인의 일본은행권, 피징용한국인의 미수금, 보상금 및 기타 청구권의 변제청구)과 관련하여 '강제징용으로 피해를 입은 개인에 대한 보상'을 일본 측에 요구하였다. 구체적으로 '생존자, 부상자, 사망자, 행방불명자 그리고 군인·군속을 포함한 피징용자 전반에 대하여 보상을 요구하는 것'이라면서 '이는 다른 국민을 강제적으로 동원함으로써 입힌 피징용자의 정신적·육체적 고통에 대한 보상을 의미한다'는 취지로 설명하였다. 이에 일본 측이 개인의 피해에 대한 보상을 요구하는 것인지, 대한민국에서 한국인 피해자에 대한 구체적인 조사를 할 용의가 있는지 등에 대하여 묻자, 대한민국 측은 '나라로서 청구하는 것이며, 피해자 개인에 대한 보상은 국내에서 조치할 성질의 것'이라는 입장을 밝히기도 하였다.

② 일본 측은 대한민국 측의 위와 같은 개인 피해 보상요구에 반발하면서 구체적인 징용·징병의 인원수나 증거자료를 요구하거나 양국 국교가 회복된 뒤에 개별적으로 해결하는 방안 등을 제시하는 등 대한민국 측의 요구에 그대로 응할 수 없다는 입장을 피력하였다.

③ 제5차 한일회담의 청구권위원회에서는 1961. 5. 16. 군사정변에 의해 회담이 중단되기까지 8개 항목의 제1항부터 제5항까지 토의가 진행되었으나, 근본적인 인식의 차이를 확인하였을 뿐 실질적인 의견 접근을 이루는 데는 실패하였다.

(다) 제6차 한일회담이 1961. 10. 20. 개시된 후에는 청구권에 대한 세부적 논의가 시일만 소요될 뿐 해결이 요원하다는 판단에서 정치적 측면의 접근이 모색되었는데, 아래와 같은 협상 과정을 거쳐 제7차 한일회담 중 1965. 6. 22. 마침내 청구권협정이 체결되었다.

① 1961. 12. 15. 제6차 한일회담 예비회담 일반청구권소위원회 제7차 회의에서 대한민국 측은 일본 측에 8개 항목에 대한 보상으로 총 12억 2,000만 달러를 요구하면서, 강제동원에 대한 피해보상으로 생존자 1

인당 200달러, 사망자 1인당 1,650달러, 부상자 1인당 2,000달러를 기준으로 계산한 3억 6,400만 달러 (약 30%)를 산정하였다.

② 1962년 3월경 외상회담에서는 대한민국 측의 지불요구액과 일본 측의 지불용의액을 비공식적으로 제시하기로 하였는데, 그 결과 대한민국 측의 지불요구액인 순변제 7억 달러와 일본 측의 지불용의액인 순변제 7,000만 달러 및 차관 2억 달러 사이에 현저한 차이가 있음이 확인되었다.

③ 이러한 상황에서, 일본 측은 당초부터 청구권에 대한 순변제로 하면 법률관계와 사실관계를 엄격히 따져야 될 뿐 아니라 그 금액도 적어져서 대한민국이 수락할 수 없게 될 터이니, 유상과 무상의 경제협력의 형식을 취하여서 금액을 상당한 정도로 올리고 그 대신 청구권을 포기하도록 하자고 제안하였다. 이에 대하여 대한민국 측은 청구권에 대한 순변제로 받아야 하는 입장이나 문제를 대국적 견지에서 해결하기 위하여 청구권 해결의 테두리 안에서 순변제와 무상조 지불의 2개 명목으로 해결할 것을 주장하다가, 후

에 다시 양보하여 청구권 해결의 테두리 안에서 순변제 및 무상조 지불의 2개 명목으로 하되 그 금액을 각각 구분하여 표시하지 않고 총액만을 표시하는 방법으로 해결할 것을 제의하였다.

④ 이후 김종필 당시 중앙정보부장은 일본에서 이케다 일본 수상과 1차, 오히라 일본 외상과 2차에 걸쳐서 회담을 하였는데, 오히라 외상과 한 1962. 11. 12. 제2차 회담 시 청구권문제의 금액, 지불세목 및 조건 등에 관하여 양측 정부에 건의할 타결안에 관한 원칙적인 합의를 하였다. 그 후 구체적 조정 과정을 거쳐 제7차 한일회담이 진행 중이던 1965. 4. 3. 당시 외무부 장관이던 이동원과 일본의 외무부 대신이었던 시이나 에쓰사부로오 사이에 '한·일 간의 청구권 문제 해결 및 경제협력에 관한 합의'가 이루어졌다.

(2) 앞에서 본 것처럼, 청구권협정 전문은 "대한민국과 일본국은, 양국 및 양국 국민의 재산과 양국 및 양국 국민 간의 청구권(이하 '청구권협정상 청구권'이라 한다)에 관한 문제를 해결할 것을 희망하고, 양국 간의 경제협력을 증진할 것을 희망하여, 다음과 같이 합

의하였다"라고 전제하고, 제2조 1은 "양 체약국은 양 체약국 및 그 국민(법인을 포함함)의 재산, 권리 및 이익과 양 체약국 및 그 국민 간의 청구권에 관한 문제가 1951. 9. 8.에 샌프란시스코시에서 서명된 일본국과의 평화조약 제4조(a)에 규정된 것을 포함하여 완전히 그리고 최종적으로 해결된 것이 된다는 것을 확인한다"라고 정하였다.

또한 청구권협정과 같은 날 체결된 청구권협정에 대한 합의의사록(Ⅰ)은 위 제2조에 관하여 "동조 1에서 말하는 완전히 그리고 최종적으로 해결된 것으로 되는 청구권협정상 청구권에 관한 문제에는 한일회담에서 한국 측으로부터 제출된 '한국의 대일청구요강'(소위 8개 항목)의 범위에 속하는 모든 청구가 포함되어 있고, 따라서 동 대일청구요강에 관하여는 어떠한 주장도 할 수 없게 됨을 확인하였다"라고 정하였는데, 8개 항목 중 제5항에는 '피징용한국인의 미수금, 보상금 및 기타 청구권(이하 '피징용 청구권'이라 한다)의 변제청구'가 포함되어 있다.

이러한 청구권협정 등의 문언에 의하면, 대한민국과

일본 양국은 국가와 국가 사이의 청구권에 대해서뿐만
아니라 일방 국민의 상대국 및 그 국민에 대한 청구권
까지도 협정의 대상으로 삼았음이 명백하고, 청구권협
정에 대한 합의의사록(Ⅰ)은 청구권협정상 청구권의
대상에 피징용 청구권도 포함됨을 분명히 하고 있다.

(3) 청구권협정 자체의 문언은 제1조에 따라 일본
이 대한민국에 지급하기로 한 경제협력자금이 제2조에
의한 권리문제의 해결에 대한 대가인지에 관하여 명확
하게 규정하고 있지는 아니하다.

그러나 앞에서 본 것처럼, ① 대한민국은 1961. 5.
10. 제5차 한일회담 예비회담 일반청구권소위원회 제
13차 회의에서 피징용 청구권 관련하여 '생존자, 부상
자, 사망자, 행방불명자 그리고 군인·군속을 포함한 피
징용자 전반에 대한 보상'을 요구하며 '다른 국민을
강제적으로 동원함으로써 입힌 피징용자의 정신적·육
체적 고통에 대한 보상'까지도 적극적으로 요청하였을
뿐만 아니라, 1961. 12. 15. 제6차 한일회담 예비회담
일반청구권소위원회 제7차 회의에서 강제동원으로 인
한 피해보상금을 구체적으로 3억 6,400만 달러로 산정

하고 이를 포함하여 8개 항목에 대한 총 보상금 12억 2,000만 달러를 요구하였고, ② 제5차 한일회담 당시 대한민국이 위 요구액은 국가로서 청구하는 것이고 피해자 개인에 대한 보상은 국내에서 조치할 것이라고 주장하였으나 일본은 구체적인 징용·징병의 인원수나 증거자료를 요구하여 협상에 난항을 겪었으며, ③ 이에 일본은 증명의 곤란함 등을 이유로 유상과 무상의 경제협력의 형식을 취하여 금액을 상당한 정도로 올리고 그 대신 청구권을 포기하도록 하는 방안을 제안하였고, 대한민국은 순변제 및 무상조 등 2개 명목으로 금원을 수령하되 구체적인 금액은 항목별로 구분하지 않고 총액만을 표시하는 방법을 다시 제안함에 따라, ④ 이후 구체적인 조정 과정을 거쳐 1965. 6. 22. 제1조에서는 경제협력자금의 지원에 관하여 정하고 아울러 제2조에서는 권리관계의 해결에 관하여 정하는 청구권협정이 체결되었다.

이러한 청구권협정의 체결에 이르기까지의 경위 등에 비추어 보면, 청구권협정상 청구권의 대상에 포함된 피징용 청구권은 강제동원 피해자의 손해배상청구권까지도 포함한 것으로서, 청구권협정 제1조에서 정한 경제협력자금은 실질적으로 이러한 손해배상청구권까지 포함한 제2조에서 정한 권리관계의 해결에 대한 대가 내지 보상으로서의 성질을 그 안에 포함하고 있다고 보이고, 양국도 청구권협정 체결 당시 그와 같이 인식하였다고 봄이 타당하다.

(4) 8개 항목 중 제5항은 피징용 청구권과 관련하여 '보상금'이라는 용어만 사용하고 '배상금'이란 용어는 사용하고 있지 않다. 그러나 그 '보상'이 '식민지배의 적법성을 전제로 하는 보상'만을 의미한다고 보기는 어렵다. 위와 같이 협상 과정에서 양측이 보인 태도만 보더라도 양국 정부가 엄밀한 의미에서의 '보상'과 '배상'을 구분하고 있었다고는 보이지 않는다. 오히려 양국은 '식민지배의 불법성을 전제로 한 배상'도 당연히 청구권협정의 대상에 포함시키는 것으로 상호 인식하고 있었다고 보인다.

(5) 그뿐 아니라 대한민국은 청구권협정에 의해 지급되는 자금을 사용하기 위한 기본적 사항을 정하기 위하여 청구권자금법 및 청구권신고법 등을 제정·시행

하여, 일본에 의하여 노무자로 징용되었다가 1945. 8. 15. 이전에 사망한 자의 청구권을 청구권협정에 따라 보상하는 민간청구권에 포함시켜 그 피징용사망자에 대한 신고 및 보상 절차를 마쳤다. 이는 강제동원 피해자의 손해배상청구권이 청구권협정의 적용대상에 포함되어 있음을 전제로 한 것으로 보인다.

그리고 청구권협정 관련 일부 문서가 공개된 후 구성된 민관공동위원회도 2005. 8. 26. 청구권협정의 법적 효력에 관하여 공식의견을 표명하였는데, 일본국 위안부 문제 등 일본정부와 군대 등 일본 국가권력이 관여한 반인도적 불법행위에 대해서는 청구권협정으로 해결되었다고 볼 수 없다고 하면서도, 강제동원 피해자의 손해배상청구권에 관하여는 '청구권협정을 통하여 일본으로부터 받은 무상 3억 달러에는 강제동원 피해보상 문제 해결 성격의 자금 등이 포괄적으로 감안되었다'고 보았다.

나아가 대한민국은 2007. 12. 10. 청구권자금법 등에 의하여 이루어진 강제동원 피해자에 대한 보상이 불충분하였다는 반성적인 고려에서 2007년 희생자지원법을 제정·시행하여, 1938. 4. 1.부터 1945. 8. 15.까지 사이에 일제에 의하여 노무자 등으로 국외로 강제동원된 희생자·부상자·생환자 등에 대하여 위로금을 지급하고, 강제동원되어 노무를 제공하였으나 일본 기업 등으로부터 지급받지 못한 미수금을 대한민국 통화로 환산하여 지급하였다.

이와 같이 대한민국은 청구권협정에 강제동원 피해자의 손해배상청구권이 포함되어 있음을 전제로 하여, 청구권협정 체결 이래 장기간 그에 따른 보상 등의 후속 조치를 취하였음을 알 수 있다.

(6) 이상의 내용, 즉 청구권협정 및 그에 관한 양해문서 등의 문언, 청구권협정의 체결 경위나 체결 당시 추단되는 당사자의 의사, 청구권협정의 체결에 따른 후속 조치 등의 여러 사정들을 종합하여 보면, 강제동원 피해자의 손해배상청구권은 청구권협정의 적용대상에 포함된다고 봄이 타당하다.

그럼에도 이와 달리, 원고들의 피고에 대한 손해배상청구권이 청구권협정의 적용대상에 포함되었다고 보기 어렵다고 본 환송 후 원심의 이 부분 판단에는, 조약의 해석에 관한 법리 등을 오해한 잘못이 있다.

다. 그러나 위와 같은 잘못에도 불구하고, '원고들의 개인청구권 자체는 청구권협정만으로 당연히 소멸한다고 볼 수 없고, 다만 청구권협정으로 그 청구권에 관한 대한민국의 외교적 보호권이 포기됨으로써 일본의 국내 조치로 해당 청구권이 일본 내에서 소멸하여도 대한민국이 이를 외교적으로 보호할 수단을 상실하게 될 뿐이다'라는 환송 후 원심의 가정적 판단은 아래와 같은 이유에서 이를 수긍할 수 있다.

（1） 청구권협정에는 개인청구권 소멸에 관하여 한일 양국 정부의 의사합치가 있었다고 볼 만큼 충분하고 명확한 근거가 없다.

과거 주권국가가 외국과 교섭을 하여 자국 국민의 재산이나 이익에 관한 사항을 일괄적으로 해결하는 이른바 일괄처리협정(lump sum agreements)이 국제분쟁의 해결·예방을 위한 방식의 하나로 채택되어 왔던 것으로 보이기는 한다. 그런데 이러한 협정을 통해 국가가 '외교적 보호권(diplomatic protection)', 즉 '자국민이 외국에서 위법·부당한 취급을 받은 경우 그의 국적국이 외교절차 등을 통하여 외국 정부를 상대로 자국민에 대한 적당한 보호 또는 구제를 요구할 수 있는 국제법상의 권리'를 포기하는 것에서 더 나아가, 개인의 청구권까지도 완전히 소멸시킬 수 있다고 보려면, 적어도 해당 조약에 이에 관한 명확한 근거가 필요하다고 보아야 한다. 국가와 개인이 별개의 법적 주체라는 근대법의 원리는 국제법상으로도 받아들여지고 있는데, 권리의 '포기'를 인정하려면 그 권리자의 의사를 엄격히 해석하여야 한다는 법률행위 해석의 일반원칙에 의할 때, 개인의 권리를 국가가 나서서 대신 포기하려는 경우에는 이를 더욱 엄격하게 보아야 하기 때문이다.

그런데 청구권협정은 그 문언상 개인청구권 자체의 포기나 소멸에 관하여는 아무런 규정도 두고 있지 않다. 이 점에서 연합국과 일본 사이에 1951. 9. 8. 체결된 샌프란시스코 조약 제14조 (b)에서 "연합국은 모든 보상청구, 연합국과 그 국민의 배상청구 및 군의 점령비용에 관한 청구를 모두 포기한다"라고 정하여 명시적으로 청구권의 포기(waive)라는 표현을 사용한 것과 구별된다. 물론 청구권에 관한 문제가 '완전히 그리고 최종적으로 해결된 것이 된다'는 표현이 사용되기는 하였으나, 위와 같은 엄격해석의 필요성에 비추어 이를 개인청구권의 '포기'나 '소멸'과 같은 의미로 보기는 어렵다.

앞서 든 증거들에 의하면, 청구권협정 체결을 위한 협상 과정에서 일본은 청구권협정에 따라 제공될 자금과 청구권 간의 법률적 대가관계를 일관되게 부인하였고, 청구권협정을 통해 개인청구권이 소멸되는 것이 아니라 국가의 외교적 보호권만이 소멸된다는 입장을 견지하였다. 이에 대한민국과 일본 양국은 청구권협정 체결 당시 향후 제공될 자금의 성격에 대하여 합의에 이르지 못한 채 청구권협정을 체결한 것으로 보인다. 따라서 청구권협정에서 사용된 '해결된 것이 된다'거나 주체 등을 분명히 하지 아니한 채 '어떠한 주장도 할 수 없는 것으로 한다'는 등의 문언은 의도적으로 사용된 것으로 보아야 하고, 이를 개인청구권의 포기나 소멸, 권리행사 제한이 포함된 것으로 쉽게 판단하여서는 아니 된다.

이러한 사정 등에 비추어 보면, 청구권협정에서 양국 정부의 의사는 개인청구권은 포기되지 아니함을 전제로 정부 간에만 청구권 문제가 해결된 것으로 하자는 것, 즉 외교적 보호권에 한정하여 포기하자는 것이었다고 봄이 타당하다.

(2) 앞서 본 것처럼, 일본은 청구권협정 직후 일본국 내에서 대한민국 국민의 일본국 및 그 국민에 대한 권리를 소멸시키는 내용의 재산권조치법을 제정·시행하였다. 이러한 조치는 청구권협정만으로는 대한민국 국민 개인의 청구권이 소멸하지 않음을 전제로 할 때 비로소 이해될 수 있다. 즉 앞서 본 바와 같이 청구권협정 당시 일본은 청구권협정을 통해 개인청구권이 소멸하는 것이 아니라 국가의 외교적 보호권만 포기된다고 보는 입장이었음이 분명하고, 협정의 상대방인 대한민국도 이러한 사정을 잘 알고 있었다고 보인다. 따라서 양국의 진정한 의사 역시도 외교적 보호권만 포기된다는 점에서 일치하고 있었다고 보는 것이 합리적이다.

대한민국이 1965. 7. 5. 발간한 '대한민국과 일본국 간의 조약 및 협정 해설'에는 청구권협정 제2조에 관하여 "재산 및 청구권 문제의 해결에 관한 조항으로 소멸되는 우리의 재산 및 청구권의 내용을 보면, 우리 측이 최초에 제시한 바 있는 8개 항목의 대일청구 요 강에서 요구한 것은 모두 소멸케 되는바, 따라서 피징용자의 미수금 및 보상금, 한국인의 대일본 정부 및 일본 국민에 대한 각종 청구 등이 모두 완전히 그리고 최종적으로 소멸케 되는 것이다"라고 되어 있다. 이에 따르면, 당시 대한민국의 입장이 개인청구권까지도 소멸되는 것이었다고 볼 여지도 없는 것은 아니다. 그러나 위와 같이 당시 일본의 입장이 '외교적 보호권 한정 포기'임이 명백하였던 상황에서 대한민국의 내심의 의사가 위와 같았다고 하여 청구권협정에서 개인청구권까지 포기되는 것에 대한 의사의 합치가 있었다고 볼 수는 없다. 더욱이 이후 대한민국에서 청구권자금법 등 보상입법을 통하여 강제동원 피해자에 대하여 이루어진 보상 내역이 실제 피해에 대비하여 극히 미미하였던 점에 비추어 보더라도, 대한민국의 의사가 청구권협정을 통해 개인청구권까지도 완전히 포기시키겠다는 것이었다고 단정하기도 어렵다.

(3) 일괄처리협정의 효력 및 해석과 관련하여 국제사법재판소(ICJ)가 2012. 2. 3. 선고한 독일 대 이탈리아 주권면제 사건(Jurisdictional Immunities of the State, Germany v. Italy: Greece intervening)이 국제법적인 관점에서 논의되고 있다. 그러나 다른 많은 쟁점은 차치하더라도, 1961. 6. 2. 이탈리아와 서독 사이에 체결된 「특정 재산 관련, 경제적·재정적 문제의 해결에 관한 협정(Treaty on the Settlement of certain property-related, economic andfinancial questions)」 및 「나치의 박해를 받은 이탈리아 국민들에 대한 보상에 관한 협정(Agreement on Compensation for Italian Nationals Subjected to National-Socialist Measures of Persecution)」이 체결된 경위, 그 내용이나 문언이 청구권협정의 그것과 같지 아니하므로 청구권협정을 이탈리아와 서독 사이의 위 조약과 단순 비교하는 것은 타당하지 아니하다.

라. 결국, 원고들의 피고에 대한 손해배상청구권이 청구권협정의 적용대상에 포함되지 않는다고 한 다수

의견의 입장에는 동의할 수 없지만, 청구권협정에도 불구하고 원고들이 피고를 상대로 강제동원 피해에 대한 손해배상청구권을 행사할 수 있다고 본 환송 후 원심의 결론은 타당하다. 거기에 이 부분 상고이유 주장과 같이 청구권협정의 효력, 대한민국 국민의 일본 국민에 대한 개인청구권의 행사가능성에 관한 법리 등을 오해한 잘못이 없다.

10. 대법관 권순일, 대법관 조재연의 반대의견

가. 대법관 김소영, 대법관 이동원, 대법관 노정희의 별개의견(이하 '별개의견2'라고 한다)이 상고이유 제3점에 관하여, 청구권협정의 해석상 원고들의 손해배상청구권이 청구권협정의 적용대상에 포함된다는 입장을 취한 데 대해서는 견해를 같이한다.

그러나 별개의견2가 청구권협정으로 대한민국의 외교적 보호권만이 포기된 것에 불과하다고 보아 원고들이 대한민국에서 피고를 상대로 소로써 권리를 행사할 수 있다고 판단한 것은 동의하기 어렵다. 그 이유는 다음과 같다.

나. 청구권협정 제2조 1은 "…… 양 체약국 및 그 국민 간의 청구권에 관한 문제가 …… 완전히 그리고 최종적으로 해결된 것이 된다는 것을 확인한다"라고 규정하고 있다. 여기서 '완전히 그리고 최종적으로 해결된 것이 된다'라는 문언의 의미가 무엇인지, 즉 청구권협정으로 양 체약국이 그 국민의 개인청구권에 관한 외교적 보호권만을 포기한다는 의미인지 또는 그 청구권 자체가 소멸한다는 의미인지, 아니면 양 체약국 국민이 더 이상 소로써 청구권을 행사할 수 없다는 의미인지는 기본적으로 청구권협정의 해석에 관한 문제이다.

(1) 헌법에 의하여 체결·공포된 조약과 일반적으로 승인된 국제법규는 국내법과 같은 효력을 가진다(헌법 제6조 제1항). 그리고 구체적 사건에서 당해 법률 또는 법률조항의 의미·내용과 적용 범위를 정하는 권한, 곧 법령의 해석·적용 권한은 사법권의 본질적 내용을 이루는 것으로서, 이는 대법원을 최고법원으로 하는 법

원에 전속한다(대법원 2009. 2. 12. 선고 2004두10289 판결 참조).

청구권협정은 1965. 8. 14. 대한민국 국회에서 비준 동의되어 1965. 12. 18. 조약 제172호로 공포되었으므로 국내법과 같은 효력을 가진다. 그러므로 청구권협정의 의미·내용과 적용 범위는 법령을 최종적으로 해석할 권한을 가진 최고법원인 대법원에 의하여 최종적으로 정하여질 수밖에 없다.

(2) 조약의 해석은 1969년 체결된 '조약법에 관한 비엔나협약(Vienna Convention on the Law of Treaties, 이하 '비엔나협약'이라 한다)'을 기준으로 한다. 비엔나협약은 대한민국에 대하여는 1980. 1. 27., 일본에 대하여는 1981. 8. 1. 각각 발효된 것이기는 하나, 그 발효 이전에 이미 형성되어 있던 국제관습법을 규정한 것이므로 청구권협정을 해석할 때 비엔나협약을 적용하더라도 시제법상 문제는 없다.

비엔나협약 제31조(해석의 일반규칙)에 의하면, 조약은 전문 및 부속서를 포함한 조약문의 문맥 및 조약의 대상과 목적에 비추어 그 조약의 문언에 부여되는 통

상적 의미에 따라 성실하게 해석하여야 한다. 여기에
서 조약의 해석상 문맥이라고 할 때에는 조약문 외에
조약의 체결과 관련하여 당사국 사이에 이루어진 그
조약에 관한 합의 등을 포함한다. 그리고 비엔나협약
제32조(해석의 보충적 수단)에 의하면, 제31조의 적용
으로부터 도출되는 의미를 확인하기 위해 또는 제31조
에 따라 해석하면 의미가 모호해지거나 또는 애매하게
되는 경우, 명확하게 불합리하거나 또는 부당한 결과
를 초래하는 경우에는 그 의미를 결정하기 위해 조약
의 준비작업 또는 조약 체결 시의 사정을 포함한 해석
의 보충적 수단에 의존할 수 있다.

(3) 청구권협정 전문은 "양국 및 양국 국민의 재산
과 양국 및 양국 국민 간의 청구권에 관한 문제를 해
결할 것을 희망하고"라고 전제하고, 제2조 1은 "양 체
약국은 양 체약국 및 그 국민(법인을 포함함)의 재산,
권리 및 이익과 양 체약국 및 그 국민 간의 청구권에
관한 문제가 …… 평화조약 제4조(a)에 규정된 것을
포함하여 완전히 그리고 최종적으로 해결된 것이 된다
는 것을 확인한다"라고 규정하고 있으며, 제2조 3은

"…… 일방 체약국 및 그 국민의 타방 체약국 및 그 국민에 대한 모든 청구권으로서 …… 어떠한 주장도 할 수 없는 것으로 한다"라고 규정하였다. 또한 청구권협정에 대한 합의의사록(Ⅰ)은 청구권협정 제2조에 관하여 "동조 1.에서 말하는 완전히 그리고 최종적으로 해결된 것으로 되는 양국 및 그 국민의 재산, 권리 및 이익과 양국 및 그 국민 간의 청구권에 관한 문제에는 한일회담에서 한국 측으로부터 제출된 '한국의 대일청구요강'(소위 8개 항목)의 범위에 속하는 모든 청구가 포함되어 있고, 따라서 동 대일청구요강에 관하여는 어떠한 주장도 할 수 없게 됨을 확인하였다"라고 정하였고, 대일청구요강 8개 항목 중에는 '피징용한국인의 미수금, 보상금 및 기타 청구권의 변제청구'가 포함되어 있다.

위와 같은 청구권협정 제2조, 청구권협정에 대한 합의의사록(Ⅰ) 등의 문언, 문맥 및 청구권협정의 대상과 목적 등에 비추어 청구권협정 제2조를 그 문언에 부여되는 통상적 의미에 따라 해석하면, 제2조 1에서 '완전히 그리고 최종적으로 해결된 것'은 대한민국 및 대한민국 국민의 일본 및 일본 국민에 대한 모든 청구권과 일본 및 일본 국민의 대한민국 및 대한민국 국민에 대한 모든 청구권에 관한 문제임이 분명하고, 제2조 3에서 모든 청구권에 관하여 '어떠한 주장도 할 수 없는 것으로 한다'라고 규정하고 있는 이상, '완전히 그리고 최종적으로 해결된 것이 된다'라는 문언의 의미는 양 체약국은 물론 그 국민도 더 이상 청구권을 행사할 수 없게 되었다는 뜻으로 보아야 한다.

(4) 국제법상 국가의 외교적 보호권(diplomatic protection)이란, 외국에서 자국민이 위법·부당한 취급을 받았으나 현지 기관을 통한 적절한 권리구제가 이루어지지 않을 경우에 최종적으로 그의 국적국이 외교절차나 국제적 사법절차를 통하여 외국 정부를 상대로 자국민에 대한 적당한 보호 또는 구제를 요구할 수 있는 권리이다. 외교적 보호권의 행사 주체는 피해자 개인이 아니라 그의 국적국이며, 외교적 보호권은 국가 사이의 권리의무에 관한 문제일 뿐 국민 개인의 청구권 유무에 직접 영향을 미치지 아니한다.

그런데 앞서 살펴본 것처럼, 청구권협정 제2조는 대

한민국 국민과 일본 국민의 상대방 국가 및 그 국민에 대한 청구권까지 대상으로 하고 있음이 분명하므로 청구권협정을 국민 개인의 청구권과는 관계없이 양 체약국이 서로에 대한 외교적 보호권만을 포기하는 내용의 조약이라고 해석하기 어렵다. 또한 청구권협정 제2조 1에서 규정한 '완전히 그리고 최종적으로 해결된 것'이라는 문언은 청구권에 관한 문제가 체약국 사이에서는 물론 그 국민들 사이에서도 완전하고도 최종적으로 해결되었다는 뜻으로 해석하는 것이 그 문언의 통상적 의미에 부합하고, 단지 체약국 사이에서 서로 외교적 보호권을 행사하지 않기로 한다는 의미로 읽히지 않는다.

(5) 일본은 청구권협정 체결 이후 청구권협정으로 양 체약국 국민의 개인청구권이 소멸하는 것이 아니라 양 체약국이 외교적 보호권만을 포기한 것이라는 입장을 취해 왔다. 이는 일본 정부가 자국 국민에 대한 보상의무를 회피하기 위하여 '재한청구권에 대하여 외교적 보호권을 포기하였다'는 입장을 취한 데에서 비롯된 것이다. 그러나 아래에서 보는 바와 같이 대한민국은 처음부터 대일청구요강 8개 항목을 제시하면서 강

제징용 피해자에 대한 보상을 요구하였고, 청구권자금의 분배는 전적으로 국내법상의 문제라는 입장을 취하였으며, 이러한 입장은 청구권협정 체결 당시까지 유지되었다.

앞서 본 사실관계 및 기록에 의하면 다음과 같은 사실을 알 수 있다. 즉, ① 대한민국 측은 1952. 2. 15. 제1차 한일회담에서부터 8개 항목을 일본 측에 제시하였고, 1961. 5. 10. 제5차 한일회담 예비회담 일반청구권소위원회 제13차 회의에서 8개 항목 중 제5항과 관련하여 '강제징용으로 피해를 입은 개인에 대한 보상'을 일본 측에 요구하였으며, 개인의 피해에 대한 보상을 요구하는 것인지에 대한 일본 측의 질의에 대하여 '나라로서 청구하는 것이며 피해자 개인에 대한 보상은 국내에서 조치할 성질의 것'이라는 입장을 밝혔다. ②1961. 12. 15. 제6차 한일회담 예비회담 일반청구권소위원회 제7차 회의에서 대한민국 측은 일본 측에 8개 항목에 대한 보상으로 총 12억 2,000만 달러를 요구하면서 그중 강제동원에 대한 피해보상금을 3억 6,400만 달러로 산정하여 제시하였다. ③ 청구권협정 체결 직후인 1965. 7. 5. 대한민국 정부가 발간한 '대한민국과 일본국 간의 조약 및 협정 해설'에는 "재산 및 청구권 문제의 해결에 관한 조항으로 소멸되는 우리의 재산 및 청구권의 내용을 보면, 우리 측이 최초에 제시한 바 있는 8개 항목의 대일청구요강에서 요구한 것은 모두 소멸케 되는바, 따라서 …… 피징용자의 미수금 및 보상금, …… 한국인의 대일본 정부 및 일본국민에 대한 각종 청구 등이 모두 완전히 그리고 최종적으로 소멸케 되는 것이다"라고 기재되어 있다. ④ 1965년 8월 장기영 경제기획원장관은 청구권협정 제1조의 무상 3억 달러는 실질적으로 피해국민에 대한 배상적인 성격을 가진 것이라는 취지의 발언을 하였다. ⑤ 청구권협정 체결 후 대한민국은 청구권자금법, 청구권신고법, 청구권보상법, 2007년 및 2010년 희생자지원법 등을 제정하여 강제징용 피해자에 대한 보상금을 지급하였다. 2010년 희생자지원법에 따라 설치된 '대일항쟁기 강제동원 피해조사 및 국외강제동원 희생자 등 지원위원회'의 결정(전신인 '태평양전쟁 전후 국외 강제동원희생자 지원위원회'의 결정을 포함한다)을 통하여 2016년 9년경까지 지급된 위로금 등의 내역을 살펴보면, 사망·행방불명 위로금 3,601억 원, 부상장해 위로금 1,022억 원, 미수금지원금 522억 원, 의료지원금 1인당 연 80만 원 등 5,500억 원가량이 된다.

이러한 사실을 종합하여 보면, 청구권협정 당시 대한민국은 청구권협정으로 강제징용 피해자의 개인청구권도 소멸되거나 적어도 그 행사가 제한된다는 입장을 취하였음을 알 수 있다. 그러므로 청구권협정 당시 양국의 진정한 의사가 외교적 보호권만을 포기한다는 데에 일치하고 있었던 것도 아니다.

(6) 한편 국제법상 전후 배상문제 등과 관련하여 주권국가가 외국과 교섭을 하여 자국 국민의 재산이나 이익에 관한 사항을 국가 간 조약을 통하여 일괄적으로 해결하는 이른바 '일괄처리협정(lump sum agreements)'은 국제분쟁의 해결·예방을 위한 방식의 하나로서, 청구권협정 체결 당시 국제관습법상 일반적으로 인정되던 조약 형식이다.

일괄처리협정은 국가가 개인의 청구권 등을 포함한 보상 문제를 일괄 타결하는 방식이므로, 그 당연한 전제로 일괄처리협정에 의하여 국가가 상대국으로부터 보상이나 배상을 받았다면 그에 따라 자국민 개인의 청구권은 소멸되는 것으로 처리되고, 이때 그 자금이 실제로 피해국민에 대한 보상 용도로 사용되지 아니하였다고 하더라도 마찬가지이다〔국제사법재판소(ICJ)가 2012. 2. 3. 선고한 독일 대 이탈리아 주권면제 사건(Jurisdictional Immunities of the State, Germany v. Italy: Greece intervening), 이른바 '페리니(Ferrini) 사건' 판결 참조〕.

청구권협정에 관하여도 대한민국은 일본으로부터 강제동원 피해자의 손해배상청구권을 포함한 대일청구요강 8개 항목에 관하여 일괄보상을 받고, 청구권자금을 피해자 개인에게 보상의 방법으로 직접 분배하거나 또는 국민경제의 발전을 위한 기반시설 재건 등에 사용함으로써 이른바 '간접적으로' 보상하는 방식을 채택하였다. 이러한 사정에 비추어 볼 때, 청구권협정은 대한민국 및 그 국민의 청구권 등에 대한 보상을 일괄적으로 해결하기 위한 조약으로서 청구권협정 당시 국제적으로 통용되던 일괄처리협정에 해당한다고 볼 수 있다. 이 점에서도 청구권협정이 국민 개인의 청구권과는 관계없이 단지 양 체약국이 국가의 외교적 보호권만을 포기하기로 하는 합의를 담은 조약이라고 해석하기는 어렵다.

다. 청구권협정 제2조에서 규정하고 있는 '완전하고도 최종적인 해결'이나 '어떠한 주장도 할 수 없는 것으로 한다'라는 문언의 의미는 개인청구권의 완전한 소멸까지는 아니더라도 '대한민국 국민이 일본이나 일본 국민을 상대로 소로써 권리를 행사하는 것은 제한된다'는 뜻으로 해석하는 것이 타당하다.

(1) 청구권협정은 그 문언상 개인청구권 자체의 포기나 소멸에 관하여는 직접 정하고 있지 않다. 이 점에서 샌프란시스코 조약 제14조(b)에서 "연합국은 모든 보상청구, 연합국과 그 국민의 배상청구 및 군의 점령비용에 관한 청구를 모두 포기한다"라고 정하여 명시적으로 청구권의 포기(waive)라는 표현을 사용한 것과 구별된다. 그러므로 청구권협정에 따라 개인청구권이 실체법적으로 완전히 소멸되거나 포기되었다고 보기 어렵다는 데에는 별개의견2와 견해를 같이한다.

(2) 청구권협정 제2조 1은 청구권에 관한 문제가 '완전히 그리고 최종적으로 해결된 것이 된다는 것을 확인한다'라고 규정하고 있고, '완전하고도 최종적인 해결'에 이르는 방식은 제2조 3에서 규정하고 있는 '어떠한 주장도 할 수 없는 것으로 한다'라는 문언에 의하여 실현된다. 즉 '어떠한 주장도 할 수 없는 것'이라는 방법을 통하여 청구권 문제의 '완전하고도 최종적인 해결'을 기하고 있다. 그런데 '어떠한 주장도 할 수 없는 것으로 한다'라는 문언의 의미는 앞서 살펴본 것처럼 청구권에 관한 대한민국의 외교적 보호권만을 포기한다는 뜻으로 해석할 수 없고, 그렇다고 청구권 자체가 실체법적으로 소멸되었다는 의미라고 단정하기도 어렵다. 그렇다면 '어떠한 주장도 할 수 없는 것으로 한다.'라는 문언의 의미는 결국 '대한민국 국민이 일본이나 일본 국민을 상대로 소로써 권리를 행사하는 것이 제한된다'는 뜻으로 해석할 수밖에 없다.

(3) 앞서 본 것처럼 대한민국은 청구권협정 체결 후 청구권보상법, 2007년 및 2010년 희생자지원법 등을 제정하여 강제징용 피해자들에게 보상금을 지급하

였다. 이는 청구권협정에 따라 대한민국 국민이 소송으로 청구권을 행사하는 것이 제한된 결과 대한민국이 이를 보상할 목적으로 입법조치를 한 것이다. '외교적 보호권 한정 포기설'에 따르면 대한민국이 위와 같은 보상 조치를 취할 이유를 찾기 어렵다.

라. (1) 별개의견2가 대한민국에서 청구권자금법 등 보상입법을 통하여 강제동원 피해자에 대하여 이루어진 보상 내역이 실제 피해에 대비하여 매우 미흡하였다는 점을 들어 청구권협정의 효력을 해석하는 근거로 삼는 것도 받아들이기 어렵다. 앞서 본 것처럼 '일괄처리협정(lump sum agreements)'에 따라 국가가 보상이나 배상을 받았다면 그 국민은 상대국 또는 그 국민에 대하여 개인청구권을 행사할 수 없는 것이고, 이는 지급받은 자금이 실제로는 피해국민에 대한 보상 용도로 사용되지 않았더라도 달리 볼 수 없기 때문이다.

(2) 일제강점기에 일본이 불법적인 식민지배와 침략전쟁 수행을 위해 강제징용 피해자들에게 가한 고통에 비추어 볼 때, 대한민국이 피해자들에게 한 보상이 매우 미흡한 것은 사실이다. 대한민국은 2006. 3. 9. 청

구권보상법에 근거한 강제동원 피해자 보상이 불충분함을 인정하고 추가보상 방침을 밝힌 후 2007년 희생자지원법을 제정하였고, 이후 2010년 희생자지원법을 추가 제정하였다. 그러나 이러한 추가적인 보상조치에 의하더라도 국내강제동원 피해자는 당초부터 위로금 지급대상에 포함되지 않았고, 국외강제동원 생환자에 대하여는 2007년 희생자지원법 제정 당시 국회에서 1인당 500만 원의 위로금을 지급하는 내용의 법안이 의결되었으나, 추가적인 재정부담 등을 이유로 대통령이 거부권을 행사하여 결국 그들에 대한 위로금 지급은 이루어지지 않았다.

(3) 일본 정부가 청구권협정의 협상 과정에서 식민지배의 불법성을 인정하지 않고 있던 상황에서 대한민국 정부가 청구권협정을 체결한 것이 과연 옳았는지 등을 포함하여 청구권협정의 역사적 평가에 관하여 아직도 논란이 있는 것은 사실이다. 그러나 청구권협정이 헌법이나 국제법을 위반하여 무효라고 볼 것이 아니라면 그 내용이 좋든 싫든 그 문언과 내용에 따라 지켜야 하는 것이다. 청구권협정으로 개인청구권을 더

이상 행사할 수 없게 됨으로써 피해를 입은 국민에게 지금이라도 국가는 정당한 보상을 하여야 한다. 대한민국이 이러한 피해국민에 대하여 지는 책임은 법적 책임이지 이를 단순히 인도적·시혜적 조치로 볼 수는 없다. 대한민국은 피해국민의 소송 제기 여부와 관계없이 정당한 보상이 이루어지도록 할 책무가 있으며 이러한 피해국민에 대하여 대한민국이 소송에서 그 소멸시효 완성 여부를 다툴 것도 아니라고 본다.

마. 결국, 대한민국 국민이 일본 또는 일본 국민에 대하여 가지는 개인청구권은 청구권협정에 의하여 바로 소멸되거나 포기되었다고 할 수는 없지만 소송으로 이를 행사하는 것은 제한되게 되었으므로, 원고들이 일본 국민인 피고를 상대로 국내에서 강제동원으로 인한 손해배상청구권을 소로써 행사하는 것 역시 제한된다고 보는 것이 옳다.

이와 다른 취지로 판시한 원심의 판단에는 청구권협정의 적용 범위 및 효력 등에 관한 법리를 오해한 잘못이 있고, 원심이 근거로 삼은 환송판결의 청구권협정에 관한 견해 역시 이에 배치되는 범위 내에서 변경되어야 한다.

이상과 같은 이유로 다수의견에 반대한다.

11. 대법관 김재형, 대법관 김선수의 다수의견에 대한 보충의견

가. 원고들이 주장하는 피고에 대한 손해배상청구권, 즉 '강제동원 위자료청구권'이 청구권협정의 대상에 포함되지 않는다고 하는 다수의견의 입장은 조약의 해석에 관한 일반원칙에 따른 것으로서 타당하다. 그 구체적인 이유는 다음과 같다.

나. 조약 해석의 출발점은 조약의 문언이다. 당사자들이 조약을 통해 달성하고자 하는 의도가 문언으로 나타나기 때문이다. 따라서 조약의 문언이 가지는 통상적인 의미를 밝히는 것이 조약의 해석에서 가장 중요한 일이다. 그러나 당사자들이 공통적으로 의도한 것으로 확정된 내용이 조약 문언의 의미와 다른 경우에는 그 의도에 따라 조약을 해석하여야 한다.

이때 문언의 사전辭典적인 의미가 명확하지 않은 경우에는 문맥, 조약의 목적, 조약 체결 과정을 비롯한 체결 당시의 여러 사정뿐만 아니라 조약 체결 이후의 사정도 종합적으로 고려하여 조약의 의미를 합리적으로 해석하여야 한다. 다만 조약 체결 과정에서 이루어진 교섭 과정이나 체결 당시의 사정은 조약의 특성상 조약을 해석하는 데 보충적으로 고려해야 한다.

한편 조약이 국가가 아닌 개인의 권리를 일방적으로 포기하는 것과 같은 중대한 불이익을 부과하는 경우에는 약정의 의미를 엄격하게 해석하여야 하고, 그 의미가 불분명한 경우에는 개인의 권리를 포기하지 않는 것으로 보아야 한다. 개인의 권리를 포기하도록 조약을 체결하고자 한다면 이를 명확하게 인식하고 조약의 문언에 포함시킴으로써 개개인들이 그러한 사정을 알 수 있어야 하기 때문이다.

1969년에 체결된 비엔나협약은 대한민국에 대해서는 1980. 1. 27., 일본에 대해서는 1981. 8. 1. 발효되었기 때문에, 이 협약은 1965년에 체결된 청구권협정 해석의 기준으로 곧바로 적용할 수는 없다. 다만 조약 해석에 관한 비엔나협약의 주요 내용은 기존의 국제관습법을 반영한 것이라고 볼 수 있으므로, 청구권협정을 해석하는 데도 참고할 수 있다. 조약의 해석기준에 관한 다수의견은 비엔나협약의 주요 내용을 반영한 것으로서, 조약 해석에 관한 일반원칙과 다르지 않다. 다만 비엔나협약이 청구권협정에 직접 적용되는 것은 아니므로, 청구권협정을 해석할 때 비엔나협약을 문구 그대로 따라야 하는 것은 아니다.

다. 이 사건의 주된 쟁점은 청구권협정 전문과 제2조에 나오는 '청구권'의 의미를 어떻게 해석할 것인지이다. 구체적으로는 위 '청구권'에 '일본 정부의 한반도에 대한 불법적인 식민지배·침략전쟁의 수행과 직결된 일본 기업의 반인도적인 불법행위를 전제로 하는 강제동원 피해자의 일본 기업에 대한 정신적 손해배상청구권', 즉 '강제동원 위자료청구권'이 포함되는지 여부가 문제된다.

청구권협정에서는 '청구권'이 무엇을 뜻하는지 따로 정하고 있지 않다. 청구권은 매우 다양한 의미로 사용될 수 있는 용어이다. 이 용어에 불법행위에 기한 손해배상청구권, 특히 이 사건에서 문제 되는 강제동원 위자료청구권까지 일반적으로 포함된다고 단정할 수 없다.

그러므로 청구권협정의 문맥이나 목적 등을 함께 살펴보아야 한다. 우선 청구권협정 제2조에서 샌프란시스코 조약 제4조(a)를 명시적으로 언급하고 있으므로, 샌프란시스코 조약 제4조가 청구권협정의 기초가 되었다는 것에는 별다른 의문이 없다. 즉 청구권협정은 기본적으로 샌프란시스코 조약 제4조(a)에서 말하는 '일본의 통치로부터 이탈된 지역(대한민국도 이에 해당)의 시정 당국·국민과 일본·일본 국민 간의 재산상 채권·채무관계'를 해결하기 위한 것이다. 그런데 이러한 '채권·채무관계'는 일본 식민지배의 불법성을 전제로 하는 것이 아니고, 그러한 불법행위와 관련된 손해배상청구권이 포함된 것도 아니다. 특히 샌프란시스코 조약 제4조(a)에서는 '재산상 채권·채무관계'에 관하여 정하고 있기 때문에, 정신적 손해배상청구권이 포함될 여지는 없다고 보아야 한다.

샌프란시스코 조약을 기초로 열린 제1차 한일회담에

서 한국 측이 제시한 8개 항목은 다음과 같다. '①
1909년부터 1945년까지 사이에 일본이 조선은행을 통
하여 대한민국으로부터 반출하여 간 지금地金 및 지은
地銀의 반환청구, ② 1945. 8. 9. 현재 및 그 이후 일
본의 대對 조선총독부 채무의 변제청구, ③ 1945. 8.
9. 이후 대한민국으로부터 이체 또는 송금된 금원의
반환청구, ④ 1945. 8. 9. 현재 대한민국에 본점, 본사
또는 주사무소가 있는 법인의 재일在日 재산의 반환청
구, ⑤ 대한민국 법인 또는 대한민국 자연인의 일본은
행권, 피징용한국인의 미수금, 보상금 및 기타 청구권
의 변제청구, ⑥ 한국인의 일본국 또는 일본인에 대한
청구로서 위 ① 내지 ⑤에 포함되지 않은 것은 한일
회담 성립 후 개별적으로 행사할 수 있음을 인정할
것, ⑦ 전기前記 여러 재산 또는 청구권에서 발생한
여러 과실果實의 반환청구, ⑧ 전기前記 반환 및 결제
는 협정성립 후 즉시 개시하여 늦어도 6개월 이내에
완료할 것'이다.

위 8개 항목에 명시적으로 열거된 것은 모두 재산
에 관한 것이다. 따라서 위 제5항에서 열거된 것도 가

령 징용에 따른 노동의 대가로 지급되는 임금 등 재산상 청구권에 한정된 것이고 불법적인 강제징용에 따른 위자료청구권까지 포함된 것으로 볼 수는 없다. 더욱이 여기에서 말하는 '징용'이 국민징용령에 따른 징용만을 의미하는지 아니면 원고들과 같이 모집방식 또는 관 알선방식으로 이루어진 강제동원까지 포함되는지 명확한 것도 아니다. 또한 제5항은 '보상금'이라는 용어를 사용하고 있는데, 이는 징용이 적법하다는 전제에서 사용한 용어로서 불법성을 전제로 한 위자료가 포함될 수 없음은 명백하다. 당시 대한민국과 일본의 법제는 '보상'은 적법한 행위로 인한 손실을 전보하는 것이고 '배상'은 불법행위로 인한 손해를 전보하는 것으로 명확하게 구별하여 사용하고 있었다. 청구권협정 직전에 대한민국 정부가 발간한 '한일회담백서'에서도 '배상청구는 청구권 문제에 포함되지 않는다'고 설명하였다. '기타'라는 용어도 앞에 열거한 것과 유사한 부수적인 것이라고 보아야 하므로, 강제동원 위자료청구권을 포함한다고 보는 것은 지나친 해석이다.

　청구권협정에 대한 합의의사록(Ⅰ)에서는 청구권협

정에서 완전히 그리고 최종적으로 '해결되는 것으로 되는' 청구권에 8개 항목의 범위에 속하는 모든 청구가 포함된다고 정하고 있지만, 위와 같이 위 제5항의 '피징용한국인의 미수금, 보상금 및 기타 청구권의 변제청구'가 일본 식민지배의 불법성을 전제로 한 것으로 볼 수 없으므로, 강제동원 위자료청구권이 여기에 포함된다고 볼 수 없다.

결국, 청구권협정, 청구권협정에 대한 합의의사록(Ⅰ)의 문맥, 청구권협정의 목적 등에 비추어 청구권협정의 문언에 나타난 통상적인 의미에 따라 해석할 경우 청구권협정에서 말하는 '청구권'에 강제동원 위자료청구권까지 포함된다고 보기는 어렵다.

라. 위와 같은 해석 방법만으로는 청구권협정의 의미가 분명하지 않아 교섭 기록과 체결시의 여러 사정 등을 고려하여 그 의미를 밝혀야 한다고 하더라도, 위와 같은 결론이 달라지지 않는다.

우선 청구권협정 체결 당시 양국의 의사가 어떠하였는지를 살펴볼 필요가 있다. 일반적인 계약의 해석과 마찬가지로 조약의 해석에서도, 밖으로 드러난 표시에도 불구하고 양국의 내심의 의사가 일치하고 있었다면 그 진의에 따라 조약의 내용을 해석하는 것이 타당하다. 만일 청구권협정 당시 양국 모두 강제동원 위자료청구권과 같은 일본 식민지배의 불법성을 전제로 하는 청구권도 청구권협정에 포함시키기로 하는 의사가 일치하고 있었다고 볼 수 있다면, 청구권협정에서 말하는 '청구권'에 강제동원 위자료청구권도 포함된다고 볼 수 있다.

그러나 일본 정부가 청구권협정 당시는 물론 현재까지도, 강제동원 과정에서 반인도적인 불법행위가 자행되었다는 점은 물론 식민지배의 불법성에 대해서도 인정하지 않고 있음은 주지의 사실이다. 또한 청구권협정 당시 일본 측이 강제동원 위자료청구권을 청구권협정의 대상으로 삼았다고 볼 만한 자료도 없다. 당시 강제동원 위자료청구권의 존재 자체도 인정하지 않고 있던 일본 정부가 청구권협정에 이를 포함시키겠다는 내심의 의사를 가지고 있었다고 볼 수 없다.

이는 청구권협정 당시 대한민국 정부도 마찬가지였다고 보는 것이 합리적이다. 다수의견에서 본 것처럼,

청구권협정 체결 직전인 1965. 3. 20. 대한민국 정부가 발간한 공식 문서인 '한일회담백서'에서는 샌프란시스코 조약 제4조가 한·일 간 청구권 문제의 기초가 되었다고 명시하고 있고, 나아가 '위 제4조의 대일청구권은 승전국의 배상청구권과 구별된다. 대한민국은 샌프란시스코 조약의 조인당사국이 아니어서 제14조 규정에 의한 승전국이 향유하는 손해와 고통에 대한 배상청구권을 인정받지 못하였다. 이러한 한·일 간 청구권 문제에는 배상청구를 포함시킬 수 없다'는 설명까지 하고 있다.

한편 위와 같은 청구권협정 체결 당시의 상황 외에 체결 이후의 사정도 보충적으로 조약해석의 고려요소가 될 수 있는데, 이에 따르더라도 청구권협정에서 말하는 '청구권'에 강제동원 위자료청구권이 포함된다고 볼 수 없다는 점이 뒷받침된다. 청구권협정 이후 대한민국은 청구권자금법, 청구권신고법, 청구권보상법을 통해 1977. 6. 30.까지 피징용사망자 8,552명에게 1인당 30만 원씩 총 25억 6,560만 원을 지급하였다. 이는 위 8개 항목 중 제5항의 '피징용한국인의 미수금, 보상금 및 기타 청구권의 변제청구'가 청구권협정의 대상에 포함됨에 따른 후속조치로 보일 뿐이므로, 강제동원 위자료청구권에 대한 변제라고 보기는 어렵다. 더욱이 그 보상 대상자도 '일본국에 의하여 군인·군속 또는 노무자로 소집 또는 징용되어 1945. 8. 15. 이전에 사망한 자'로 한정되어 있었다. 또한 이후 대한민국은 2007년 희생자지원법 등을 통해 이른바 '강제동원 희생자'에게 위로금이나 지원금을 지급하기는 하였으나, 해당 법률에서 그 명목이 '인도적 차원'의 것임을 명시하였다. 이러한 대한민국의 조치는, 청구권협정에 강제동원 위자료청구권은 포함되어 있지 않고 대한민국이 청구권협정 자금으로 강제동원 위자료청구권자에 대하여 법적인 지급의무를 부담하지 않음을 전제로 하는 것으로 볼 수밖에 없다.

마. 국가 간 조약을 통해서 국민 개개인이 상대국이나 상대국의 국민에 대해서 가지는 권리를 소멸시키는 것이 국제법상 허용된다고 하더라도, 이를 인정하기 위해서는 해당 조약에서 이를 명확하게 정하고 있어야 한다. 더욱이 이 사건과 같이 국가와 그 소속 국민이

관여한 반인도적인 불법행위로 인한 손해배상청구권, 그중에서도 정신적 손해에 대한 위자료청구권의 소멸과 같은 중대한 효과를 부여하고자 하는 경우에는 조약의 의미를 더욱 엄격하게 해석하여야 한다.

샌프란시스코 조약 제14조가 일본에 의해 발생한 '손해와 고통'에 대한 '배상청구권'과 그 '포기'를 명확하게 정하고 있는 것과 달리, 청구권협정은 '재산상 채권·채무관계'만을 언급하고 있을 뿐이고, 청구권협정의 대상에 불법행위로 인한 '손해와 고통'에 대한 '배상청구권'이 포함된다거나 그 배상청구권에 대한 '포기'를 명확하게 정하고 있지 않다.

일본 정부의 한반도에 대한 불법적인 식민지배와 침략전쟁의 수행과 직결된 일본 기업의 반인도적인 불법행위로 강제 동원되어 인간으로서의 존엄과 가치를 존중받지 못한 채 온갖 노동을 강요당했던 피해자인 원고들은 정신적 손해배상을 받지 못하고 여전히 고통받고 있다. 대한민국 정부와 일본 정부가 강제동원 피해자들의 정신적 고통을 지나치게 가볍게 보고 그 실상을 조사·확인하려는 노력조차 하지 않은 채 청구권협정을 체결한 것일 수도 있다. 청구권협정에서 강제동원 위자료청구권에 관하여 명확하게 정하지 않은 책임은 협정을 체결한 당사자들이 부담해야 하는 것이고 이를 피해자들에게 전가해서는 안 된다.

이상과 같은 이유로 다수의견의 논거를 보충하고자 한다.

재판장 대법원장 김명수

주심　대법관 김소영

　　　　대법관 조희대

　　　　대법관 권순일

　　　　대법관 박상옥

　　　　대법관 이기택

　　　　대법관 김재형

　　　　대법관 조재연

　　　　대법관 박정화

　　　　대법관 민유숙

대법관 김선수

대법관 이동원

대법관 노정희

〔자료 3〕「대한민국 대법원에 의한 일본 기업에 대한 판결 확정에 관해(외무대신 담화)」(大韓民国大法院による日本企業に対する判決確定について〔外務大臣談話〕)(2018.10.30.)

일어 원문	번역문
1. 日韓両国は、1965年の国交正常化の際に締結された日韓基本条約及びその関連協定の基礎の上に、緊密な友好協力関係を築いてきました。その中核である日韓請求権協定は、日本から韓国に対して、無償3億ドル、有償2億ドルの資金協力を約束する(第1条)とともに、両締約国及びその国民(法人を含む。)の財産、権利及び利益並びに両締約国及びその国民の間の請求権に関する問題は「完全かつ最終的に解決」されており、いかなる主張もすることはできない(第2条)ことを定めており、これまでの日韓関係の基礎となってきました。	1. 일한 양국은, 1965년의 국교정상화 당시 체결된 일한 기본조약 및 관련 협정의 기초 위에, 밀접한 우호협력관계를 구축해 왔습니다. 그 중핵인 일한 청구권협정은, 일본으로부터 한국에 대해 무상 3억 달러, 유상 2억 달러의 자금협력을 약속하는(제1조) 동시에, 양 체약국 및 그 국민(법인을 포함한다)의 재산, 권리 및 이익과 양 체약국 및 그 국민 간의 청구권에 관한 문제는 "완전히 그리고 최종적으로 해결"되었고, 어떠한 주장도 할 수 없다(제2조)는 것을 규정하고 있고, 지금까지의 일한관계의 기초가 되어 왔습니다.

2. それにもかかわらず、本30日、大韓民国大法院が、新日鐵住金株式会社に対し、損害賠償の支払等を命じる判決を確定させました。この判決は、日韓請求権協定第2条に明らかに反し、日本企業に対し不当な不利益を負わせるものであるばかりか、1965年の国交正常化以来築いてきた日韓の友好協力関係の法的基盤を根本から覆すものであって、極めて遺憾であり、断じて受け入れることはできません。

3. 日本としては、大韓民国に対し、日本の上記の立場を改めて伝達するとともに、大韓民国が直ちに国際法違反の状態を是正することを含め、適切な措置を講ずることを強く求めます。

4. また、直ちに適切な措置が講じられない場合には、日本として、日本企業の正当な経済活動の保護の観点からも、国際裁判も含め、あらゆる選択肢

2. 그럼에도 불구하고 이번 30일에 대한민국 대법원이 신일철주금 주식회사에 대해 손해배상의 지불 등을 명하는 판결을 확정지었습니다. 이 판결은, 일한 청구권협정 제2조에 명백히 반하고, 일본 기업에 대해 부당한 불이익을 부담하게 하는 것일 뿐만 아니라, 1965년의 국교정상화 이래 구축해 온 일한 우호협력관계의 법적 기반을 근본으로부터 뒤집는 것으로서 극히 유감이며 결단코 받아들일 수 없습니다.

3. 일본으로서는, 대한민국에 대해 일본의 위와 같은 입장을 다시금 전달하는 동시에, 대한민국이 즉각 국제법 위반의 상태를 시정하는 것을 포함하여 적절한 조치를 강구할 것을 강력하게 요구합니다.

4. 또, 즉각 적절한 조치가 강구되지 않는 경우에는, 일본으로서는 일본 기업의 정당한 경제활동의 보호의 관점에서도, 국제재판도 포함하여, 모든 선택지

を視野に入れ、毅然とした対応を講ずる考えです。この一環として、外務省として本件に万全の体制で臨むため、本日、アジア大洋州局に日韓請求権関連問題対策室を設置しました。

〔参考〕「財産及び請求権に関する問題の解決並びに経済協力に関する日本国と大韓民国との間の協定」(1965年12月18日発効)

第二条 1．両締約国は、両締約国及びその国民（法人を含む。）の財産、権利及び利益並びに両締約国及びその国民の間の請求権に関する問題が、千九百五十一年九月八日にサン・フランシスコ市で署名された日本国との平和条約第四条(a)に規定されたものを含めて、完全かつ最終的に解決されたこととなることを確認する。

（中略）

3．2の規定に従うことを条件として、一方の締約国及びその国民の財産、

를 시야에 넣으면서, 의연한 대응을 강구할 생각입니다. 그 일환으로서, 외무성으로서는 본건에 만전의 체제로 임하기 위해 오늘 아시아대양주국에 일한구권 관련 문제 대책실을 설치했습니다.

〔참고〕「재판 및 청구권에 관한 문제의 해결 및 경제협력에 관한 일본국과 대한민국 사이의 협정」(1965년 12월 18일 발효)

제2조 1 양 체약국締約國은 양 체약국 및 그 국민(법인을 포함함)의 재산, 권리 및 이익과 양 체약국 및 그 국민 간의 청구권에 관한 문제가 1951년 9월 8일에 샌프런시스코우시에서 서명된 일본국과의 평화조약 제4조 (a)에 규정된 것을 포함하여 완전히 그리고 최종적으로 해결된 것이 된다는 것을 확인한다.

（중략）

3. 2의 규정에 따르는 것을 조건으로, 일방 체약국 및 그 국민의 재산, 권리

権利及び利益であつてこの協定の署名の日に他方の締約国の管轄の下にあるものに対する措置並びに一方の締約国及びその国民の他方の締約国及びその国民に対するすべての請求権であつて同日以前に生じた事由に基づくものに関しては、いかなる主張もすることができないものとする。

및 이익으로서 본 협정의 서명일에 타방 체약국의 관할하에 있는 것에 대한 조치와 일방 체약국 및 그 국민의 타방 체약국 및 그 국민에 대한 모든 청구권으로서 동일자 이전에 발생한 사유에 기인하는 것에 관하여는 어떠한 주장도 할 수 없는 것으로 한다.

* 대법원의 미쓰비시중공업 강제동원 판결이 선고된 2018년 11월 29일에도 동일한 명칭과 비슷한 내용의 「외무대신 담화」가 발표되었는데, 거기에는 "국제재판" 바로 뒤에 "이나 대항조치"가 추가되어 있음.